Modelagem Computacional
com Web VPython

Mecânica

Modelagem Computacional *com* Web VPython

Mecânica

Adeil Araújo
Meirivâni Oliveira

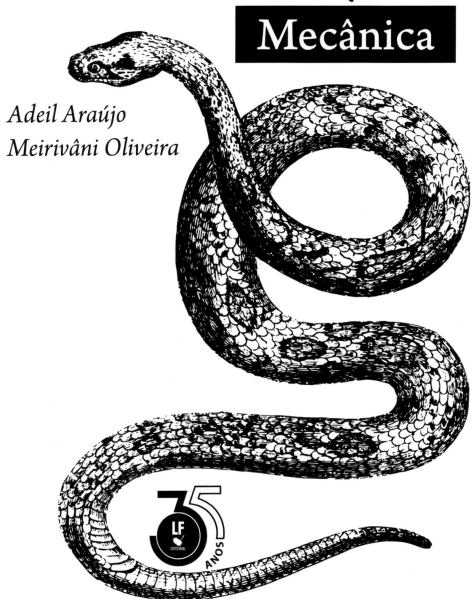

Copyright © 2024 Adeil Araújo e Meirivâni Oliveira

Editores: José Roberto Marinho e Victor Pereira Marinho
Projeto gráfico e Diagramação: Horizon Soluções Editoriais
Capa: Horizon Soluções Editoriais
Leitura crítica: Bruce Sherwood e Eloneid Felipe Nobre
Revisão: Ana Cecília Cavalcante Freitas

Texto em conformidade com as novas regras ortográficas do Acordo da Língua Portuguesa.

Dados Internacionais de Catalogação na Publicação (CIP)
(Câmara Brasileira do Livro, SP, Brasil)

Araújo, Adeil.

Modelagem computacional com web VPython: mecânica / Adeil Araújo, Meirivâni Oliveira. - 1. ed. - São Paulo: LF Editorial, 2024.

Bibliografia
ISBN: 978-65-5563-458-7

1. Ciência da computação 2. Engenharia 3. Física 4. Mecânica - Inovações tecnológicas 5. Modelagem porcomputador 6. Python (Linguagem de programação para computadores) I. Oliveira, Meirivâni. II. Título.

24-209885 CDD: 004

Índices para catálogo sistemático:

1. Modelagem computacional: Ciência da computação 004

Aline Graziele Benitez – Bibliotecária – CRB-1/3129

ISBN: 978-65-5563-458-7

Todos os direitos reservados. Nenhuma parte desta obra poderá ser reproduzida sejam quais forem os meios empregados sem a permissão dos autores. Aos infratores aplicam-se as sanções previstas nos artigos 102, 104, 106 e 107 da Lei n. 9.610, de 19 de fevereiro de 1998.

Impresso no Brasil | *Printed in Brazil*

LF Editorial
Fone: (11) 2648-6666 / Loja (IFUSP)
Fone: (11) 3936-3413 / Editora
www.livrariadafisica.com.br | www.lfeditorial.com.br

Conselho Editorial

Amílcar Pinto Martins
Universidade Aberta de Portugal

Arthur Belford Powell
Rutgers University, Newark, USA

Carlos Aldemir Farias da Silva
Universidade Federal do Pará

Emmánuel Lizcano Fernandes
UNED, Madri

Iran Abreu Mendes
Universidade Federal do Pará

José D'Assunção Barros
Universidade Federal Rural do Rio de Janeiro

Luis Radford
Universidade Laurentienne, Canadá

Manoel de Campos Almeida
Pontifícia Universidade Católica do Paraná

Maria Aparecida Viggiani Bicudo
Universidade Estadual Paulista - UNESP/Rio Claro

Maria da Conceição Xavier de Almeida
Universidade Federal do Rio Grande do Norte

Maria do Socorro de Sousa
Universidade Federal do Ceará

Maria Luisa Oliveras
Universidade de Granada, Espanha

Maria Marly de Oliveira
Universidade Federal Rural de Pernambuco

Raquel Gonçalves-Maia
Universidade de Lisboa

Teresa Vergani
Universidade Aberta de Portugal

Para Maria.

"Você realmente não entende algo a menos que possa modelá-lo."

Rhett Allain

Apresentação

This book, "Modelagem Computacional com Web VPython: Mecânica", addresses an important problem in physics education. Despite the fact that computational modeling of physical systems is utterly central to all physical sciences and engineering, high school and college courses in these subjects in most countries do not include serious introductions to computational modeling. The authors have written a book which will make it easy for students with no previous programming experience ti quickly learn to use Web VPython to create navigable real-time 3D animations of physical systems, including systems for which there does not exist an analytical solution for the motion.

Bruce Sherwood, lead developer of Web VPython; emeritus professor of physics, North Carolina State University, USA; Fellow of the American Physical Society, the American Association of Physics Teachers, and the American Association for the Advancement of Science

[Este livro, "Modelagem Computacional com Web VPython: Mecânica", aborda um problema importante no ensino de física. Apesar de a modelagem computacional de sistemas físicos ser fundamental para todas as ciências físicas e engenharia, grande parte dos cursos de ensino médio e faculdades nessas áreas, na maioria dos países, não inclui introduções sérias à modelagem computacional. Os autores escreveram um livro que facilitará para alunos e alunas, sem experiência prévia em programação, aprender rapidamente a usar o Web VPython para criar animações tridimensionais navegáveis em tempo real de sistemas físicos, incluindo sistemas para os quais não existe uma solução analítica para o movimento.

Bruce Sherwood, desenvolvedor líder do Web VPython; professor emérito de física, Universidade Estadual da Carolina do Norte, EUA; Membro da American Physical Society, da American Association of Physics Teachers e da American Association for the Advancement of Science.]

Prólogo

Ainda me lembro daquele dia em que o Adeil compareceu à entrevista para seleção no Curso de Especialização em Ensino de Física. Eu era a coordenadora do curso e fui a sua entrevistadora. Quando lhe pedi para me falar sobre a ideia que ele tinha para o seu projeto de monografia, ele um pouco timidamente, me falou de sua ideia que eu achei simplesmente genial. Nem ele mesmo acreditava que sua ideia era tão boa e que tinha o potencial para literalmente ressuscitar o interesse pelos estudos de estudantes que estavam a ponto de desistir, de abandonar tudo.

O tempo passou, depois da especialização ele partiu para o mestrado e agora além de professor competente, está se tornando escritor, com a parceria maravilhosa de sua esposa Meirivâni, também minha ex-aluna e profissional excelente.

Acredito no sucesso desse novo livro que eles estão lançando agora. Tenho certeza que será mais um projeto de sucesso que, sem dúvida, cumprirá seu objetivo de sempre levar o melhor para o aprendizado dos(as) suas(seus) estudantes e dos(as) estudantes em geral.

Sou fã dessa dupla. Voto neles de olhos fechados.

Eloneid Felipe Nobre, doutora em Física, ex-coordenadora dos cursos de licenciatura e bacharelado em Física, do Mestrado Profissional em Ensino de Ciências e Matemática, do Curso de Especialização em Ensino de Física e do Curso de Licenciatura em Física Semipresencial da Universidade Federal do Ceará.

Bora lá!

É com entusiasmo que apresentamos este livro. Com ele, estudantes e professores(as) do Ensino Médio terão a oportunidade de mergulhar no universo da modelagem computacional, por meio da criação de modelos acessíveis e utilização da linguagem Python e do ambiente Web VPython.

Mas afinal, o que é um modelo? Na busca por compreender o mundo, criamos representações simplificadas da realidade, essas representações são chamadas de modelos e nos ajudam a compreender ou analisar um fenômeno, sistema ou processo complexo.

Ao aprender a programar, os(as) estudantes não apenas se aproximam das ferramentas usadas por cientistas e engenheiros(as), mas também ampliam suas habilidades de resolução de problemas.

Quais competências/habilidades serão mobilizadas ao utilizar este livro?

Este livro possibilita a mobilização da Competência Específica 3 de Ciências da Natureza e suas Tecnologias, da Base Nacional Comum Curricular (BNCC), incentivando a investigação de situações-problema, a avaliação de aplicações do conhecimento científico e tecnológico e a proposição de soluções considerando demandas locais, regionais e/ou globais.

Para além dessas habilidades, mobiliza habilidades da BNCC - Computação, como o conhecimento dos fundamentos da Inteligência Artificial e a criação de modelos computacionais simples para simulações e previsões.

Como usar este livro em sala de aula?

Convidamos os(as) professores(as) do Ensino Médio a utilizarem este livro de duas formas: como complemento ao material didático utilizado nas aulas de Física ou como apoio às unidades curriculares eletivas.

No primeiro caso, os modelos podem ser utilizados durante as aulas, permitindo que os(as) estudantes modifiquem parâmetros, discutam fenômenos e formulem hipóteses. No segundo, professores(as) e estudantes constroem juntos cada modelo, inicialmente de forma dirigida e, ao final, de maneira autônoma.

Independentemente da abordagem, esperamos que as construções e as análises dos modelos contribuam para uma compreensão mais aprofundada da Física.

E agora... **Bora lá!**

SUMÁRIO

Apresentação   **11**

Prólogo   **13**

Bora lá!   **15**

Capítulo 1. *Input*   **19**

1.1 Vetores: uma breve introdução   *21*

1.2 Operações com vetores   *23*

     1.2.1 Multiplicação de um vetor por um escalar   23

     1.2.2 Magnitude do vetor   24

     1.2.3 Vetores unitários   25

     1.2.4 - Operações básicas com vetores   25

Um pouco de Python...   *26*

Pratique!   *27*

Capítulo 2. Criando os primeiros objetos   **29**

2.1 Criando uma esfera – sphere()   *29*

2.2 Criando uma seta – arrow()   *31*

2.3 Criando uma caixa – box()   *32*

2.4 Criando uma hélice – helix()   *34*

2.5 Inserindo texturas   *35*

Pratique!   *36*

Capítulo 3. Movimento retilíneo Uniforme   **39**

3.1 Modelagem computacional   *39*

Um pouco de Python...   *41*

3.2 Incluindo gráficos da posição em função do tempo e da velocidade em função do tempo   *43*

3.3 Incluindo uma seta para visualizar o vetor velocidade   *46*

Pratique!   *47*

Capítulo 4. Queda Livre — 49

4.1 Modelagem computacional — 49

Pratique! — 53

Capítulo 5. Bola saltitante — 55

5.1 Modelagem computacional — 55

5.2 Incluindo setas para visualizar o vetor velocidade e o vetor aceleração — 58

Um pouco de Python... — 60

Pratique! — 62

Capítulo 6. Lançamento de projéteis — 63

6.1 Modelagem computacional — 63

Pratique! — 66

Capítulo 7. Movimento circular uniforme — 67

7.1 Modelagem computacional — 67

7.2 scene.range (opcional) — 71

Pratique! — 72

Capítulo 8. Força elástica — 73

8.1 Modelagem computacional — 73

Pratique! — 78

Capítulo 9. Uma luz no fim do túnel — 79

9.1 Exemplos de simulações — 79

Exemplo 1 — 79

Exemplo 2 — 82

Exemplo 3 — 84

Pratique! — 86

Output — 87

Respostas dos Pratique! — 89

Referências — 105

Sobre os(as) autores(as) — 107

Outros eBooks dos autores — 109

Capítulo 1.
Input

Neste capítulo, você aprenderá a acessar o ambiente de programação *Web VPython*[1], criar seu primeiro objeto 3D e a trabalhar com vetores. Vamos lá!?

Inicialmente, acesse o site https://www.webvpython.org e faça *login* com seu Gmail, como mostra a Figura 1.

Figura 1 – A Figura mostra a interface do site Web VPython.

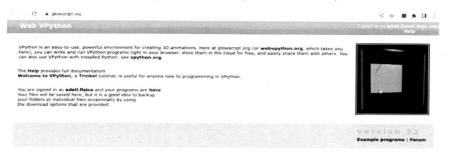

Fonte: Elaborada pelos autores.

Uma vez feito o *login*, clique em *"here"* e posteriormente em *"Create New Program"*. Você será convidado(a) a nomear seu novo programa, para em seguida, ter acesso ao ambiente de programação.

Já no ambiente de programação, perceba que, com exceção da primeira linha, onde automaticamente aparece o texto *"Web VPython 3.2"*, aparecerá um espaço em branco, como mostra a Figura 2.

Figura 2 – A Figura mostra a interface do ambiente de programação Web VPython.

Run this program   Share or export this program   Download

```
1 Web VPython 3.2
2
3 |
```

Fonte: Elaborada pelos autores.

---

[1] *Web VPython*, é o ambiente que usaremos para escrever e executar nossos programas.

Por questão de organização, sugerimos que pule a segunda linha. Isso dará maior clareza aos seus códigos caso seus programas apresentem muitas linhas.

Na linha 3, digite *"box()"*. Com este comando, você estará criando um programa que criará uma caixa. Em seguida, execute o programa clicando em *"Run this program"*.

Na figura 3, você pode ver a saída para o programa criado.

Figura 3 – A Figura mostra à esquerda o código para criação de uma caixa e à direita, o resultado da saída do programa.

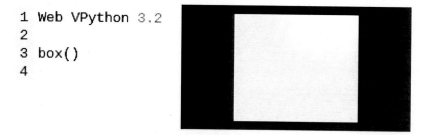

Fonte: Elaborada pelos autores.

Existem outras maneiras de executar o programa, como:

a) pressionando ao mesmo tempo a tecla Ctrl e a tecla 1 (Crtl+1);
b) pressionando a tecla Ctrl e a tecla 2 (Ctrl+2), para que o programa seja executado em uma janela diferente.

Agora vamos aprender a mudar a perspectiva de visualização da caixa. Vejamos:

1. para visualizar as faces - clique com o botão direito do *mouse*, sobre a caixa, e arraste-a de um lado para o outro. Caso você não tenha um *mouse*, pressione a tecla Ctrl e arraste a caixa usando o *trackpad*;
2. para aplicar *zoom* - use a roda de rolagem (*scroll*) do *mouse* ou, se não houver um, com 2 (dois) dedos sobre o *trackpad*, afaste-os e aproxime-os;
3. para mudar a posição - mantenha a tecla *Shift* pressionada e arraste a caixa usando o *mouse* ou *trackpad*;

Você também pode mudar a cor da caixa. Vejamos a seguinte atividade:

Modifique os atributos da caixa para: *box(pos=vector(1,0.5,0), color=color.red)*.

Observe que, com esta ação, o centro da caixa ficou 1 (uma) unidade à direita do centro da tela e 0.5 unidade acima, além de colorir a caixa de vermelho.

Na próxima seção, você entenderá melhor o que é um *vector()* ou simplesmente vec().

1.1 Vetores: uma breve introdução

As grandezas físicas são classificadas em escalares e vetoriais. As grandezas escalares são definidas por um valor numérico e uma unidade de medida, por exemplo:

a) altura – 5 m, 3 cm, 10 km etc;
b) massa – 70 kg, 100 g etc;
c) temperatura - 37 ^{0}C, 28 ^{0}F etc.

Já as grandezas vetoriais, além do número e da unidade de medida, para que fiquem completamente definidas, necessitam de informações complementares, como sentido e direção. Vejamos a seguinte situação:

Imagine que você se desloca, diariamente, 500 m de sua casa até sua escola. Observe que, além do valor numérico (500) e da unidade de medida (m), o deslocamento se caracteriza por uma direção, definida pela reta que contém estes dois locais, e por um sentido, da sua casa para a escola.

Grandezas que se definem dessa forma são chamadas grandezas vetoriais. Para além do deslocamento, podemos citar, por exemplo, a velocidade, a aceleração e a força como grandezas vetoriais.

Essas grandezas podem ser representadas geometricamente por uma seta, a qual chamamos de vetor, que fornece a direção e o sentido, e cujo comprimento mede a magnitude, também chamada de módulo ou simplesmente valor.

Há duas formas de representarmos um vetor:

a) por uma letra minúscula de nosso alfabeto, com uma seta em cima, por exemplo, $\vec{r}$;

b) por uma letra minúscula em negrito, por exemplo, r.

Já sua magnitude pode ser representada das seguintes maneiras:

a) por uma letra minúscula com uma seta em cima entre barras, por exemplo, $|\vec{r}|$;

b) por uma letra minúscula, r.

Por fim, sua representação gráfica é uma seta orientada. Vejamos a Figura 4.

Figura 4 – Representação gráfica de um vetor.

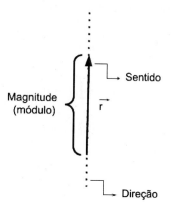

Fonte: Elaborada pelos autores.

Para melhor representar um vetor posição e outras grandezas vetoriais, vamos usar um sistema de coordenadas 3D. Vejamos a Figura 5.

Figura 5 – Sistema de coordenadas 3D.

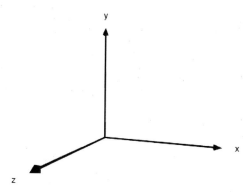

Fonte: Elaborada pelos autores.

O sistema representado na Figura 5 está orientado de forma que o eixo +x aponta para a direita, o eixo +y aponta para cima, enquanto o eixo +z está saindo da página. Dessa forma os vetores possuirão três componentes, em que cada uma delas estará associada a um eixo específico[2].

---

[2] É importante ressaltar que qualquer dos eixos pode ser designado por x, y e z. A forma citada é um padrão, mas não uma regra.

Agora, vejamos um exemplo de um vetor posição:

$$\vec{r} = \langle 2; 3; 4 \rangle \, \text{m}$$

Neste exemplo, $r_x = 2m$ é a componente x do vetor, $r_y = 3m$ é a componente y, e $r_z = 4m$ é a componente z.

Você, provavelmente, deve estar se perguntando para que você precisa entender tudo isso. Pois bem, esse é o mesmo sistema usado pelo *Web VPython*[3].

Na próxima seção, você aprenderá como realizar operações com vetores.

1.2 Operações com vetores

Nesta subseção, explicaremos como realizar algumas operações com vetores e utilizaremos, como exemplo, o vetor posição $\vec{r} = \langle 2; 3; 4 \rangle$ m. Vejamos:

1.2.1 Multiplicação de um vetor por um escalar

Um vetor pode ser multiplicado ou dividido por um escalar. Nesta operação, cada componente do vetor será multiplicado ou dividido pelo escalar. Vejamos um exemplo:

Suponha que você queira multiplicar o escalar a = 1/2, por $\vec{r} = \langle 2; 3; 4 \rangle$ m. A operação é mostrada a seguir:

$$a \cdot \vec{r} = \frac{1}{2} \cdot \langle 2; 3; 4 \rangle = \langle 1; 1.5; 2 \rangle \, m \tag{1.1}$$

Nessa multiplicação, a direção e o sentido do vetor não foram alterados, apenas a magnitude. No entanto, caso multiplicássemos o vetor por um número negativo, além de modificar sua magnitude, também estaríamos invertendo seu sentido. Agora vamos testar essa operação no ambiente *Web VPython*. Veja como isso se processa no código abaixo.

```
1   Web VPython 3.2
2
3   a=1/2
4   r=vec(2,3,4)
5
6   print(a*r)
```

---

[3] A origem do sistema de coordenadas cartesianas <0;0;0>, está no centro da tela e a orientação dos eixos é +x para a direita, +y para cima e +z para fora do plano da tela.

Na linha 3, no código acima, definimos a e atribuímos a ele o valor 1/2. É importante destacar que, usamos o símbolo "/" para representar a divisão, "+" para adição, "-" para subtração, "*" para multiplicação e "**" para a potenciação.

Já na linha 4, definimos o vetor $\vec{r}$ e na linha 6, usamos a função print( ) para que o computador imprima na tela o valor da operação. A "saída do programa", ou simplesmente seu resultado, é < 1, 1.5, 2 >.

1.2.2 Magnitude do vetor

A magnitude do vetor é um escalar representado por um número que será sempre positivo. Para calculá-la usamos uma extensão do teorema de Pitágoras para um sistema de coordenadas tridimensional:

$$|\vec{r}| = \sqrt{x^2 + y^2 + z^2} \tag{1.2}$$

Vejamos como calcular a magnitude do vetor deslocamento $\vec{r} = \langle 2; 3; 4 \rangle$:

$$|\vec{r}| = \sqrt{2^2 + 3^2 + 4^2} = 5.39 \, m \tag{1.3}$$

No *Web VPython* você pode usar a função mag( ) para obter a magnitude do vetor. Veja no código abaixo que definimos o vetor com r na linha 3 e usamos a nomenclatura mag(r) ou r.mag, na linha 5, para encontrarmos o valor de sua magnitude, 5.38516.

```
1    Web VPython 3.2
2
3    r=vec(2,3,4)
4
5    print(mag(r))  #print(r.mag)
```

Observe que na linha 5 tem-se o símbolo de uma cerquilha - #. Ele tem a função de iniciar um comentário.

Os comentários não são lidos pelo computador, mas são importantes para organizar e passar informações sobre o código, facilitando a leitura do mesmo por você ou por outras pessoas. Nesse caso, ele informa que para calcular a magnitude de um vetor, outra opção seria r.mag.

1.2.3 Vetores unitários[4]

Um vetor que possui magnitude 1 (um) é chamado de vetor unitário. Esse vetor não possui dimensão, unidade, e sua representação é através de uma letra com o chapéu em cima ($\hat{r}$).

No *Web VPython* usamos a função hat() para encontrar o vetor unitário. A palavra *hat* vem do inglês e significa chapéu. Assim, $\hat{r}$ será escrito em nossos programas como hat(r).

A função hat() transforma um vetor em uma cópia de si mesmo, mas com uma magnitude igual a 1(uma) unidade, como mostra o código abaixo.

```
1   Web VPython 3.2
2
3   r=vec(2,3,4)
4
5   print(hat(r))
```

A saída para este programa é < 0.371391, 0.557086, 0.742781 >.

Para encontrarmos o vetor unitário na direção e sentido do vetor deslocamento $\vec{r} = \langle 2; 3; 4 \rangle\ m$, dividimos esse vetor por sua magnitude, $|\vec{r}|$. Vejamos:

$$\hat{r} = \frac{\vec{r}}{|\vec{r}|} \tag{1.4}$$

$$\hat{r} = \frac{\langle 2;3;4 \rangle}{5.39} = \langle 0.3711; 0.5566; 0.7421 \rangle \tag{1.5}$$

A partir dos cálculos acima, podemos expressar o vetor deslocamento como o produto de sua magnitude pelo vetor unitário, vejamos:

$$\vec{r} = |\vec{r}| \cdot \hat{r} \tag{1.6}$$

$$\vec{r} = (5.39\ m) \cdot \langle 0.3711; 0.5566; 0.7421 \rangle \tag{1.7}$$

1.2.4 - Operações básicas com vetores

Nesta subseção, vamos aprender a adicionar e subtrair vetores. Veja, no código abaixo, o exemplo que criamos.

---

[4] Este tópico pode ser omitido inicialmente e apresentado apenas no capítulo 7, quando estudaremos o modelo computacional para o Movimento circular com velocidade constante.

```
1    Web VPython 3.2
2
3    r=vec(2,3,4)
4    s=vec(-1,0,3)
5
6    print(r+s)
7    print(r-s)
8    print(r.x)
9    print(s.z)
```

Observando o código acima, perceba que na linha 4 criamos o vetor posição[5] $\vec{s} = \langle -1; 0; 3 \rangle$ m e nas linhas 6 e 7 pedimos para o computador realizar a adição e a subtração dos vetores $\vec{r}$ e $\vec{s}$, respectivamente.

Realizamos a adição e a subtração de vetores somando-se ou subtraindo-se componente a componente. Vamos conferir os resultados fornecidos pelo computador:

$$\vec{r} + \vec{s} = \langle 2 + (-1); 3 + 0; 4 + 3 \rangle = \langle 1; 3; 7 \rangle \, m$$
$$\vec{r} - \vec{s} = \langle 2 - (-1); 3 - 0; 4 - 3 \rangle = \langle 3; 3; 1 \rangle \, m$$

Finalizamos, nas linhas 8 e 9, pedindo ao computador para imprimir a componente x, do vetor r, e a componente z, do vetor s. Os resultados são respectivamente, 2 e 3. Confira!

Um pouco de *Python*...

Em *Python*, como em outras linguagens, o sinal "=" (igual) é usado para atribuir um valor a uma variável. Por exemplo:

a = 1/2 (leia "a recebe 1/2"), atribui o valor de 1/2 à variável a.

Já para verificar se duas variáveis são iguais, usamos "==". Este é o operador de igualdade em *Python*.

Agora que você foi apresentado aos vetores, brinque com seu box( )*. Para fortalecer sua aprendizagem, sugerimos que faça os exercícios da seção "Pratique!".*

Ao finalizar os exercícios, você estará preparado(a) para avançar para o próximo capítulo, no qual aprenderá a criar outros objetos 3D.

---

[5] Não podemos somar ou subtrair vetores que possuem unidades diferentes.

Pratique!

1. Calcule o valor do produto entre o escalar a = 2 e o vetor $\vec{b}$ = <4;-3;1>.

2. Qual a magnitude do vetor $\vec{f} = \langle 2; 1; 3 \rangle$?

3. Qual o vetor unitário na direção e sentido do vetor $\vec{c}$ = <3; 3 ;-2>?

4. Fatore o vetor $\vec{e} = \langle 5; 4; -6 \rangle$ em termos do seu vetor unitário, multiplicado pela sua magnitude, $|\vec{e}| \cdot \hat{e}$.

5. Para os vetores $\vec{g} = \langle -2; 2; 3 \rangle$ e $\vec{h} = \langle 4; 3; 2 \rangle$, determine:

a) $\vec{g} + \vec{h}$

b) $\vec{g} - \vec{h}$

6. Dado o vetor $\vec{l} = \langle -2; 3; 4 \rangle$, encontre suas componentes x, y e z.

Capítulo 2.
Criando os primeiros objetos

No capítulo anterior, aprendemos a acessar o ambiente de programação *Web VPython*. Criamos o primeiro objeto 3D e aprendemos a trabalhar com vetores. Neste capítulo, você criará novos objetos tridimensionais, além de revisar o objeto caixa (*box()*, em inglês).

2.1 Criando uma esfera – sphere()

A construção do objeto esfera (*sphere()*, em inglês[6]) é bem simples. Antes de prosseguir na leitura, veja o código abaixo.

```
1   Web VPython 3.2
2
3   bola=sphere()
```

Observe na linha 3 que, para criarmos uma esfera, digitamos o código a seguir: **bola=sphere()** (leia "bola recebe *sphere()*")

Nesse pequeno código, criamos a variável bola e atribuímos a ela o objeto esfera (sphere()).

Ao executar o programa, recebemos como saída (resultado) a imagem mostrada na Figura 6.

Figura 6 – Esfera.

Fonte: Elaborada pelos autores.

---

[6] A esta altura, você deve estar se perguntando: "Terei que saber inglês para programar?". Nós respondemos: "Não necessariamente, mas ajuda". É importante que você conheça alguns nomes de formas e atributos, mas isso iremos introduzir de acordo com a necessidade durante os capítulos. Não se preocupe, siga em frente!

30 *Modelagem Computacional com Web VPython: Mecânica*

No capítulo 1, você aprendeu a mudar a perspectiva de visualização dessa tela. Vá em frente! Brinque um pouco com isso, basta seguir as mesmas instruções.

Você pode, também, inserir atributos à esfera, como:

a) Posição (pos) - corresponde ao centro da esfera. Escreve-se: vec(x, y, z) ou ainda vector(x,y,z)[7];

b) Raio (*radius*) - raio da esfera. Ele é um escalar;

c) Cor (*color*) - cor. Há duas nomenclaturas possíveis: a primeira é usando algumas cores pré-definidas, como por exemplo, color.yellow, color.red, color.blue; a segunda forma é definir a cor como se define um vetor. Para cor, os três atributos são:
I - *red* (vermelho) - color=vec(1,0,0);
II - *green* (verde) - color=vec(0,1,0);
III - *blue* (azul) - color=vec(0,0,1).

Este é o sistema (RGB). Você pode ajustar esses valores para criar a cor que desejar. Vá em frente e digite o código abaixo no *Web VPython* e observe a cor da esfera gerada.

sphere(color=vec(0.6,0.6,0.6))

No código abaixo, criamos duas esferas de características diferentes. A primeira, chamada de bola1, está localizada na posição (-1,0,0), possui raio de 0.25 m e cor vermelha. A esfera 2, chamada de bola2, está localizada na posição (1,0,0), possui raio de 0.25 m e cor verde[8].

```
1   Web VPython 3.2
2
3   bola1=sphere(pos=vec(-1,0,0), radius=0.25, color=color.red)
4   bola2=sphere(pos=vec(1,0,0), radius=0.25, color=color.green)
```

O resultado, para este programa, pode ser visto na Figura 7 a seguir.

---

[7] Por padrão, sua posição, caso não seja indicada outra, será o centro da tela.
[8] Não há nada em *Web VPython* que diga que as unidades para raios e posições devem ser dadas em metros. Porém, neste livro, vamos convencionar isso.

Figure caption above image:

Figura 7 – Resultado do código criado, com a bola 1 à esquerda e para bola 2 à direita.

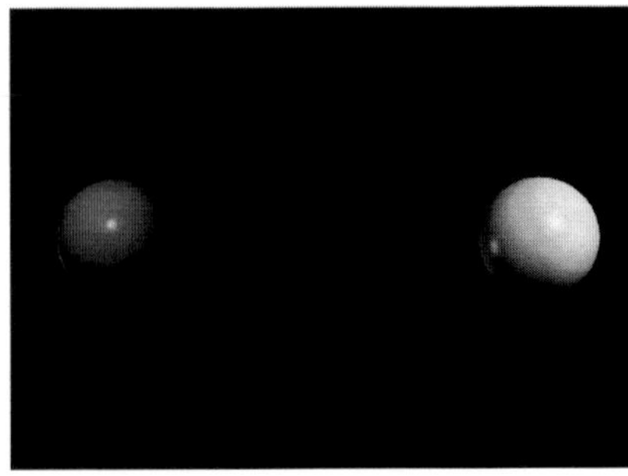

Fonte: Elaborada pelos autores.

Como a origem do sistema de coordenadas tridimensional está no centro da tela, uma bola está à esquerda da tela e a outra, à direita.

2.2 Criando uma seta – arrow()

Quando queremos visualizar uma grandeza vetorial como a velocidade ou a aceleração, utilizamos setas para representá-las. Seus principais atributos são:

a) Posição (pos) – localização da cauda (origem) da seta;
b) Eixo (axis) – o vetor da cauda (origem) até a ponta da seta (extremidade). É a própria seta;
c) *Shaftwidth* (largura do eixo) – é a espessura da seta;
d) Cor *(color)* – cor.

Agora, vamos fazer um exercício?

Vamos imaginar que você deseja construir uma seta cuja cauda deve estar no objeto bola1 (vermelha) e a ponta no objeto bola2 (verde).

Para iniciar, é preciso especificar sua posição (pos), da seguinte maneira:

bola1.pos

Por fim, especificar o eixo (axis), da seguinte maneira:

bola2.pos-bola1.pos

Veja o código a seguir:

```
1  Web VPython 3.2
2
3  bola1=sphere(pos=vec(-1,0,0), radius=0.25, color=color.red)
4  bola2=sphere(pos=vec(1,0,0), radius=0.25, color=color.green)
5  seta=arrow(pos=bola1.pos, axis=bola2.pos-bola1.pos, shaftwidth=0.25,
6  color=color.yellow)
```

Na linha 5, criamos o objeto seta (arrow()). Além dos atributos **pos=bola1.pos e axis=bola2.pos-bola1.pos**, o código mostra mais dois atributos: **shaftwidth**, largura do eixo da seta, que neste exemplo usamos 0.25; e color, que neste exemplo usamos a cor amarela **(color=color.yellow)**. A saída para este código[9] é apresentada na Figura 8.

Figura 8 – A imagem mostra uma seta amarela conectando duas esferas.

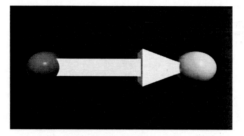

Fonte: Elaborada pelos autores.

Agora, convidamos você a modificar o valor de shaftwidth para verificar o que acontece com a seta. Tente, também, aplicar outras cores à seta, substituindo o color=color.yellow por "color=vec(R,G,B)" e atribuindo valores (números) para R(red), G(green) e B(blue).

2.3 Criando uma caixa – box()

Você deve recordar que já falamos sobre a caixa no primeiro capítulo, mas agora ela será usada em nossos programas para representar um piso (solo). Seus principais atributos são:

a) Posição (pos) – corresponde ao centro da caixa;
b) Comprimento (*length*), altura (*height*), largura (*width*) são os tamanhos nas direções x, y e z, respectivamente, e também podem ser simplificados para *size* = *vec (x, y, z)*;

---
[9] Acesse o código em: https://abre.ai/jVHo.

c) Cor (*color*) – cor.

Abaixo apresentamos duas nomenclaturas possíveis para a construção de uma mesma caixa (box()). Teste estes códigos no *Web VPython*.

a) caixa = box(length=0.5, height=0.5, width=0.5, color=color.yellow);

b) caixa = box(size=vec(0.5, 0.5, 0.5), color=color.yellow).

Os objetos são exibidos no que chamamos de "telas", e o *Web VPython* cria automaticamente uma tela para você. Vá em frente e teste o código[10] exibido abaixo.

```
1  Web VPython 3.2
2
3  scene.title="Caixa"
4  scene.background=color.white
5
6  caixa=box(size=vec(0.5, 0.5, 0.5), color=color.yellow)
```

Agora, vamos entender o código:

1. na linha 3, demos um título à tela - "Caixa";
2. na linha 4, mudamos a cor de fundo (*background*), que por padrão é preto, para branco (*white*);
3. na linha 6, pedimos ao *Web VPython* que desenhe uma caixa (*box*) com as dimensões e cor especificadas.

Por fim, executamos o programa. A Figura 9 mostra o resultado.

Figura 9 – A imagem mostra uma caixa amarela em um fundo branco.

Fonte: Elaborada pelos autores.

---

[10] Acesse o código em: https://abre.ai/jVGR.

Como vimos ainda no capítulo 1, por mais que isso se pareça com um quadrado, ele é tridimensional.

Para ver outros objetos possíveis, consulte a documentação oficial em webvpython.org, clicando em *"Help"* para obter a documentação completa.

2.4 Criando uma hélice – helix()

A hélice representará uma mola em nossos programas. Seus principais atributos são:

a) Posição (*pos*) – o atributo *"pos"* para hélice corresponde a uma extremidade do objeto;
b) Bobinas (*coils*) – o número de bobinas; padrão é 5;
c) Raio (*radius*) – o raio da hélice. O valor padrão é igual a 1;
d) Espessura (*thickness*) – é o diâmetro da seção transversal da curva usada para desenhar a hélice; o padrão é radius/20;
e) Cor (*color*) - cor.

```
1  Web VPython 3.2
2
3  mola=helix(pos=vec(0,0,0), coils=15, radius=0.05, thickness=0.03, color=color.green)
```

Como exemplo, digite o código abaixo para visualizar a hélice[11].

O resultado é apresentado na Figura 10.

Figura 10 – Hélice verde e um fundo de tela preto.

Fonte: Elaborada pelos autores.

---

[11] Para visualizar este programa, acesse o link: https://abre.ai/jVGS.

2.5 Inserindo texturas

Um outro tipo de atributo que podemos fornecer a um objeto é a textura. Veja algumas texturas possíveis na Figura 11.

Figura 11 – Texturas possíveis no Web VPython.

Fonte: Documentação oficial do Vpython[12].

Caso queira dar a uma esfera o aspecto do planeta Terra, temos que aplicar a textura *textures.earth*. Veja o código abaixo. O resultado é apresentado na Figura 12.

```
1  Web VPython 3.2
2
3  bola=sphere(texture=textures.earth)
```

---

[12] A documentação do *VPython* está disponível em webvpython.org clicando em "Help".

Figura 12 – A esfera recebeu como atributo a textura textures.earth e passou a ter o aspecto do planeta Terra.

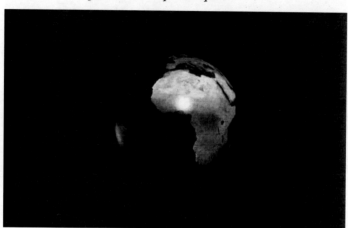

Fonte: Elaborada pelos autores.

No próximo capítulo, você criará seu primeiro modelo, que será um movimento retilíneo com velocidade constante. Então, até lá!

Pratique!

1. Escreva um programa que mostre quatro esferas localizadas, cada uma, em um canto de um quadrado, ligadas por setas no sentido anti-horário. Um arranjo possível é apresentado na figura abaixo.

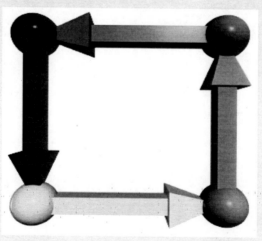

2. Escreva um programa que mostre o sistema de coordenadas 3D apresentado na Figura 5 do capítulo 1. Veja a imagem abaixo.

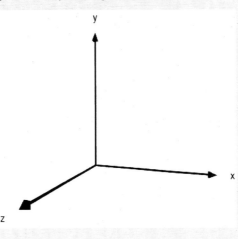

Agora que você finalizou os exercícios propostos, você está preparado(a) para avançar para o próximo capítulo. Nele você aprenderá a criar sua primeira animação.

Capítulo 3.
Movimento retilíneo Uniforme

No capítulo anterior, você aprendeu a criar esferas (*sphere()*), setas (*arrow()*) e caixas (*box()*). Neste capítulo, você aprenderá a criar uma animação de uma bola que se movimenta em linha reta e com velocidade constante, ou seja, ela percorrerá distâncias iguais em intervalos de tempo iguais. Tá curioso(a) para saber como fará isso? Então, vamos programar!

3.1 Modelagem computacional

Nesta seção, você aprenderá a construir programas que terão 5 seções:
a) Configuração da tela;
b) Criação dos objetos;
c) Condições iniciais;
d) Configuração dos gráficos;
e) Criação do laço while para movimentar os objetos.

Antes de prosseguir na leitura, examine o programa[13] abaixo que estamos fornecendo a você.

```
1   Web VPython 3.2
2
3   #1.Configuração da tela
4   scene.title="Movimento retilíneo com velocidade constante"
5   scene.background=vec(0.6,0.6,0.6)
6
7   #2. Criação dos objetos
8   bola=sphere(color=color.red, radius=0.5, pos=vec(-10,0,0))
9
10  #3. Condições iniciais
11  t=0             # tempo inicial
12  dt=0.01         # tempo entre cada quadro da animação
13  bola.v=vec(2,0,0)   # velocidade em m/s
14
15  #4. Laço While - Movendo o objeto
16  while t<8:
17    rate(100)
18    bola.pos=bola.pos+bola.v*dt
19    t=t+dt
```

---

[13] Para visualizar este programa, acesse o link: https://abre.ai/jUfF.

40   *Modelagem Computacional com Web VPython: Mecânica*

Nesse programa, excluímos a seção 4, configuração dos gráficos, para que o código ficasse mais enxuto neste início. Posteriormente, ainda neste capítulo, iremos incluí-la no programa. Agora, vamos analisar cada seção do programa anterior:

a) Configuração da tela

Na linha 4, nomeamos a tela scene.title com o título: "Movimento retilíneo com velocidade constante". Esse título aparecerá acima da tela.

Na linha 5, colorimos o fundo da tela scene.background. Perceba que tratamos a cor (*color*) como um vetor. Como já mencionado no capítulo 2, para cor, os três atributos são valores para *red* (vermelho), *green* (verde) e *blue* (azul), o sistema (RGB). Você pode ajustar esses valores para criar a cor que desejar.

b) Criação dos objetos

Na linha 8, criamos uma bola de cor vermelha color=color.red, com um raio de 0.5 m (você tem a opção de digitar apenas .5 m) localizada na posição pos=vec(-10,0,0). Perceba que, mesmo o movimento ocorrendo apenas na direção x, temos que especificar que as outras componentes são nulas.

c) Condições iniciais

Na linha 11, criamos a variável t (tempo inicial), que inicia em 0s.

Na linha 12, criamos a variável dt(intervalo de tempo), que representa o tempo que passa em cada quadro de animação. Assim, a bola irá se mover em incrementos de 0.01 segundos.

Na linha 13, definimos a velocidade da bola bola.v=vec(2,0,0). Perceba que a velocidade da bola é um vetor cujas componentes são $v_x = 2$ m/s, $v_y = 0$m/s e $v_z= 0$m/s. Quando criamos a bola, atribuímos a ela cor, raio e posição. Agora, estamos inserindo mais um atributo, a velocidade.

d) Laço while

Aqui, é onde a magia acontece. Para a bola se movimentar por um período de 8s, na linha 16, criamos um laço while. O laço while fará como que tudo que estiver recuado da margem (em computação chamamos isso de endentação) e abaixo dele, seja repetido, desde que a condição do laço seja atendida, neste caso, enquanto o tempo for inferior a 8 segundos.

Na linha 17, incluímos o comando *rate*(100). Isso significa que a animação será atualizada 100 vezes por segundo.

Na linha 18, inserimos o trecho de código de atualização da posição:

Posição(nova)=Posição(atual)+Velocidade*dt

Essa fórmula de atualização diz que a nova posição da bola será igual à sua posição atual somada ao produto de sua velocidade pelo intervalo de tempo. Podemos traduzir para o computador como:

bola.pos=bola.pos+bola.v*dt

Finalmente, na linha 19, inserimos a fórmula de atualização do tempo. Toda vez que ela é executada, o tempo (t) terá um acréscimo de 0,01. Se não colocássemos esse comando, o laço não saberia quando parar.

Pronto! Agora clique em *"Run this program"* e veja o programa sendo executado. Legal, não é mesmo?

Agora, antes de ir para a próxima seção, sugerimos a leitura do quadro "Um pouco de *Python*..." para aprender mais sobre o laço while.

Um pouco de *Python*...

Laço while

Esse laço é utilizado quando desejamos repetir um bloco de código, mas não sabemos quantas repetições (em computação, chamamos iterações) serão necessárias. Vejamos, na Figura 13, um exemplo da utilização desse laço em um programa[14] que faz contagem regressiva para o lançamento de um foguete.

Figura 13 – *Utilização do laço while para contagem regressiva do lançamento de um foguete.*

```
1  Web VPython 3.2
2
3  x=10
4  while x>0:
5      print(x)
6      x=x-1
7  print("Lançar!")
8
9
10
11
```

```
10
9
8
7
6
5
4
3
2
1
Lançar!
```

Fonte: Elaborada pelos autores.

---

[14] Acesse o programa em: https://abre.ai/jUfJ

Agora, vamos entender o programa acima:

1. Na linha 3, declaramos a variável x e atribuímos a ela o valor 10;
2. Em seguida, iniciamos o laço while indicando a condição x > 0 (x maior que zero). Esse comando solicitará ao *Python* que, enquanto o valor de x for maior que zero, ele deverá realizar as instruções contidas no laço. Importante saber que as instruções do laço devem estar recuadas da margem, ou seja, endentadas. Todas as linhas associadas devem estar a uma mesma profundidade de recuo, para isso, costumamos dar 4 espaços ou 1 Tab. É aconselhável, também, não misturar espaços e Tabs;
3. Na linha 5, a primeira instrução do laço solicita ao programa que imprima na tela o valor de x; a segunda instrução, na linha 6, solicita a atualização do valor de x, subtraindo 1(um) do valor antigo. Ao invés de escrever x=x-1, você pode escrever x -= 1. O operador de atribuição especial -= pode ser usado para abreviar a expressão x=x-1;
4. Por fim, na linha 7, quando a condição x > 0 deixar de ser atendida, o programa sai do laço e imprime na tela a palavra: "Lançar!".

Vamos entender como ocorre o processo dentro do laço while

Em nosso código, o valor inicial de x é igual a 10 e temos uma condição imposta pelo laço while: x deve ser maior que zero. De posse dessas informações, o laço verificará se 10 é maior que zero e, em caso afirmativo, o programa imprimirá o valor 10, para em seguida subtrair uma unidade deste valor inicial. Como 10 é maior que zero, o programa faz a subtração: 10-1=9.

Agora, temos o valor 9. O laço irá novamente verificar se 9 é maior que zero, para então imprimi-lo e subtrair deste valor uma unidade. Como 9 é maior do que zero, o programa imprime na tela o valor 9 para em seguida, fazer a subtração: 9-1=8. Todo esse processo se repetirá até que o valor de x se iguale a zero. Quando isso acontecer, a condição x>0 se torna falsa, o que fará com que o programa saia do laço e execute a primeira linha fora dele. No nosso exemplo, o programa executou a função *print*, na linha 7, e imprimiu, na tela, a expressão "Lançar!".

Caso deseje acompanhar em tempo real a execução desse programa, você pode acessar o site http://pythontutor.com/ e digitar o código, como mostra a Figura 14. É excelente para programadores(as) iniciantes.

Figura 14 – Utilização do site pythontutor.com para entender a lógica por trás do laço while na contagem regressiva do lançamento de um foguete.

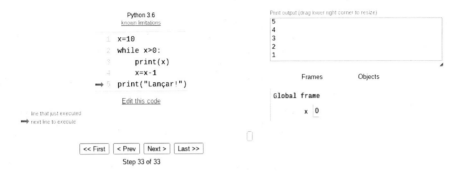

Fonte: Elaborada pelos autores.

Ao clicar em *Next*, na parte inferior da tela, o *pythontutor* vai guiando você pelo programa, mostrando o passo-a-passo de sua execução. Você pode adiantar, voltar, até entender completamente o processo que envolve o laço while. Um detalhe interessante é que o programa mostra a linha que está sendo executada (seta verde claro) e a próxima linha a ser executada (seta vermelha). O site possui muitas informações, e o melhor: é de graça! Vá em frente e teste.

3.2 Incluindo gráficos da posição em função do tempo e da velocidade em função do tempo

Nesta subseção, modificaremos o nosso programa para que ele nos forneça os gráficos do movimento. Como a função horária do movimento é do 1º grau, o gráfico da posição x em função do tempo deve ser uma reta crescente ou decrescente, dependendo se o movimento é progressivo (v>0) ou retrógrado (v<0), respectivamente. Já o gráfico da velocidade em função do tempo deve ser uma reta paralela ao eixo do tempo, e pode estar do lado positivo (v>0) ou do lado negativo (v<0) do sistema de eixos cartesianos.

Antes de prosseguir na leitura e ver como o movimento se comporta, analise, a seguir, o programa[15] que estamos fornecendo a você.

---

[15] Para visualizar este programa, acesse o link: https://abre.ai/jVGV.

```
1    Web VPython 3.2
2
3    #1.Configuração da tela
4    scene.title="Movimento retilíneo com velocidade constante"
5    scene.background=vec(0.6,0.6,0.6)
6
7    #2. Criação dos objetos
8    bola=sphere(color=color.red, radius=0.5, pos=vec(-10,0,0), make_trail=True)
9
10   #3. Condições iniciais
11   t=0                    # tempo inicial
12   dt=0.01                # tempo entre cada quadro da animação
13   bola.v=vec(2,0,0)      # velocidade em m/s
14
15   #4. Configuração dos gráficos da posição e da velocidade
16   Grafico_xt=graph(xtitle="Tempo [s]", ytitle="Posição [m]",width=400,height=200)
17   xt=gcurve(color=color.blue)
18
19   Grafico_vt=graph(xtitle="Tempo [s]", ytitle="velocidade [m/s]",width=400, height=200)
20   vt=gcurve(color=color.red)
21
22   #5. Laço While - Movendo o objeto
23   while t<8:
24     rate(100)
25     bola.pos=bola.pos+bola.v*dt
26     xt.plot(t,bola.pos.x)
27     vt.plot(t,bola.v.x)
28     t=t+dt
```

Observando o programa, vamos examinar o que difere este programa do anterior.

a) Criação de objetos

Na linha 8, incluímos na construção da esfera o comando make_trail = True. Esse comando cria uma trilha (rastro) atrás do objeto enquanto ele se move.

b) Configuração dos gráficos da posição e da velocidade

Na linha 16, configuramos o gráfico da posição em função do tempo, usamos os comandos xtitle e ytitle para nomear o eixo x e o eixo y, respectivamente. Também dimensionamos nosso gráfico com 400 pixels de largura (width) e 200 pixels de altura (height).

Na linha 17, criamos a variável xt=gcurve(color=color.blue)[16]. Esse comando diz ao *Web VPython* que vamos traçar um gráfico de cor azul. No entanto,

---

[16] Você pode testar também o gdots() como alternativa ao gcurve().

não diz o que traçar. Para isso, precisamos adicionar a linha xt.plot(t,bola.pos.x) dentro do laço while. A construção do gráfico da velocidade, nas linhas 19 e 20, segue o mesmo raciocínio da construção do gráfico da posição.

c) **Laço while**

Os comandos inseridos na seção "*Configuração dos gráficos da posição e da velocidade*" não são suficientes para traçar o gráfico, por isso é necessário incluir no laço while o comando xt.plot(t,bola.pos.x), informado na linha 26. Esse comando fará com que os pontos sejam traçados um de cada vez em cada ciclo do laço.

Na linha 26, estamos desenhando o gráfico do tempo no eixo horizontal e a posição da bola no eixo vertical. Repare, em bola.pos.x, que se tentarmos tirar o .x recebemos a seguinte mensagem de erro: "*Cannot plot a vector, only a vector component. At or near line 26: xt.plot(t,bola.pos)*". Traduzindo: "*Não é possível plotar[17] um vetor, apenas uma componente vetorial*". Dessa forma, como queremos traçar o gráfico da posição do móvel em função do tempo, temos que especificar em bola.pos a direção que desejamos, no caso, a direção .x;

Já na linha 27, o comando vt.plot(t,bola.v.x) é responsável por traçar o gráfico da velocidade e funciona igualmente ao comando xt.plot(t,bola.pos).

Na Figura 15 podemos observar a saída do programa que acabamos de detalhar.

Figura 15 – A Figura mostra a saída do programa. À esquerda, a tela com a esfera em movimento deixando um rastro e à direita os gráficos do movimento.

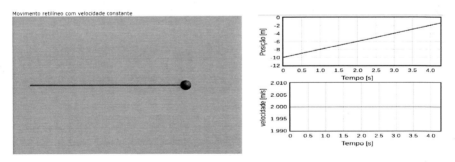

Fonte: Elaborada pelos autores.

---

[17] No contexto de programação gráfica ou visualização de dados, a palavra "plotar" é frequentemente substituída por "desenhar" ou "representar graficamente".

O gráfico da posição em função tempo é uma reta crescente (v>0), enquanto o gráfico da velocidade em função do tempo é uma reta paralela ao eixo do tempo. Como o valor da velocidade é positivo (v>0), o gráfico da reta está do lado positivo do sistema de eixos cartesianos. Esses resultados estão condizentes com a teoria, o que valida o modelo construído.

3.3 Incluindo uma seta para visualizar o vetor velocidade

Nesta subseção, vamos incluir uma seta em nosso programa[18] para representar a velocidade e assim podermos visualizá-la. Veja como você pode fazer isso no programa abaixo.

```
Web VPython 3.2

#1.Configuração da tela
scene.title="Movimento retilíneo com velocidade constante"
scene.background=vec(0.6,0.6,0.6)

#2. Criação dos objetos
bola=sphere(color=color.red, radius=0.5, pos=vec(-10,0,0), make_trail=True)

#3. Condições iniciais
t=0                # tempo inicial
dt=0.01            # tempo entre cada quadro da animação
bola.v=vec(2,0,0)  # velocidade em m/s

#4. Configuração dos gráficos da posição e da velocidade
Grafico_xt=graph(xtitle="Tempo [s]", ytitle="Posição [m]",width=400,height=200)
xt=gcurve(color=color.blue)

Grafico_vt=graph(xtitle="Tempo [s]", ytitle="velocidade [m/s]",width=400, height=200)
vt=gcurve(color=color.red)

#5. Laço While - Movendo o objeto
while t<8:
  rate(100)
  bola.pos=bola.pos+bola.v*dt
  attach_arrow(bola, "v", color=color.yellow,shiftwidth=0.25)
  xt.plot(t,bola.pos.x)
  vt.plot(t,bola.v.x)
  t=t+dt
```

---

[18] Para visualizar este programa, acesse o link: https://abre.ai/jUgd.

Observando o código, perceba que a única alteração foi feita na linha 26, onde incluímos o comando:

"attach_arrow(bola, "v", color=color.yellow,shaftwidth=0.25)".

Esta linha de código anexará uma seta à bola para representar sua velocidade ("v"). Esta seta será exibida continuamente na localização da bola em movimento. Perceba que, além de especificar o objeto na qual deverá ser anexada (bola) e a grandeza vetorial que representará (velocidade), este comando apresenta ainda mais dois atributos: a cor da seta color=color.yellow e a largura do eixo da seta shaftwidth=0.25. Na Figura 16, podemos observar a saída do programa.

Figura 16 – A seta amarela representa o vetor velocidade.

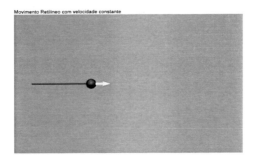

Fonte: Elaborada pelos autores.

Agora, tente variar o valor do vetor velocidade em bola.v=vec(2,0,0) para ver o que acontece com o comprimento da seta e aproveite para praticar um pouco mais, realizando os exercícios propostos na seção "Pratique!".

Após os exercícios, você estará preparado(a) para incluir a gravidade em seus modelos, mas isso é um assunto para o próximo capítulo, então, até lá!

Pratique!

1. Altere a velocidade da bola e veja o que acontece com o comprimento da seta.

2. Altere a posição da bola para pos=vec(10,0,0) e sua velocidade para bola.v=vec(-2,0,0). Antes de executar tente prever o que irá acontecer.

3. Altere o intervalo de tempo para dt=0.1 e o valor entre parênteses de rate() para 10. Isso lhe parece melhor?

Capítulo 4.
Queda Livre

No capítulo anterior, você aprendeu a modelar o movimento de uma bola em movimento retilíneo e com velocidade constante. Aprendeu, também, a obter os gráficos desse tipo de movimento. Neste capítulo, você continuará estudando um tipo de movimento retilíneo, porém, desta vez com velocidade variável. Para isso, você aprenderá a construir um piso para que a bola possa tocá-lo ao finalizar o movimento de queda, e o mais importante: irá aprender a incluir a aceleração gravitacional em seus modelos.

4.1 Modelagem computacional

Nesta seção, você irá aprender a modelar o movimento de uma bola em queda livre mas, antes de prosseguir na leitura, examine o programa[19] abaixo.

```
1  Web VPython 3.2
2
3  #1. Configuração da tela
4  scene.title="Queda Livre"
5  scene.background=vec(0.6, 0.6, 0.6)
6
7  #2. Criação dos objetos
8  bola=sphere(pos=vec(0,10,0), radius=1, color=color.red)
9  piso=box(pos=vec(0,-1,0), size=vec(40,0.3,10), texture=textures.wood)
10
11 #3. Condições iniciais
12 bola.a=vec(0,-9.8,0)   # aceleração da gravidade 9.8 m/s^2
13 bola.v=vec(0,0,0)      # velocidade da bola na direção y
14 t=0                    # tempo inicial
15 dt=0.01                # intervalo de tempo
16
17 #4. Configuração do gráfico da posição
18 Grafico_yt=graph(xtitle="Tempo [s]", ytitle="Posição [m]",width=400, height=200)
19 yt=gcurve(color=color.blue)
20
21 #5. Laço while - Movendo o objeto
22 while (bola.pos.y-bola.radius > piso.pos.y+0.5*piso.size.y):
23   rate(100)
24   bola.v+=bola.a*dt
25   bola.pos+=bola.v*dt
26   t+=dt
27   yt.plot(t,bola.pos.y)
28
29 print(t)
```

---

[19] Para visualizar este programa, acesse o link: https://abre.ai/jUgi.

Agora, vamos analisar cada parte do programa:

a) Configuração da tela

Na linha 4, iniciamos nosso programa nomeando a tela scene.title com o título: "Queda Livre". Esse título aparecerá acima da tela.

Em seguida, na linha 5, colorimos o fundo da tela scene.background com o valor vec(0.6,0.6,0.6).

b) Criação dos objetos

Na linha 8, criamos uma bola de cor vermelha color=color.red, com um raio medindo 1 m e localizada na posição pos=vec(0,10,0).

Em seguida, na linha 9, criamos o piso. Seu centro está localizado na posição -1 m na direção y. Informamos isso ao computador, escrevendo o seguinte comando: pos=vec(0,-1,0).

Especificamos suas dimensões com size=vec(40,0.3,10) e inserimos uma textura, por meio do código texture=textures.wood.

c) Condições iniciais

Na linha 12, definimos a aceleração da bola como bola.a=vec(0,-9.8,0). Perceba que a aceleração da bola é um vetor cujas componentes são $a_x = 0m/s^2$, $a_y = -9.8m/s^2$ e $a_z = 0m/s^2$.

Em seguida, na linha 13, definimos sua velocidade como bola.v= vec (0,0,0). Perceba que ela parte do repouso.

Na linha 14, criamos a variável t (tempo inicial), iniciando em 0s e na linha 15, criamos a variável dt (intervalo de tempo), que representa a quantidade de tempo que passa entre cada quadro de animação. Dessa maneira, a bola irá se mover em incrementos de 0.01 segundos.

d) Configuração dos gráficos da posição e da velocidade

Na linha 18, configuramos o gráfico da posição em função do tempo. Para isso, usamos os comandos xtitle e ytitle para nomear, respectivamente, os eixos x e y do gráfico. Também dimensionamos nosso gráfico com 400 pixels de largura (width) e 200 pixels de altura (height).

Na linha 19, criamos a variável yt=gcurve(color=color.blue)[20]. Esse comando diz ao *Web VPython* que iremos traçar um gráfico de cor azul. Como vimos no capítulo 3, para que o gráfico apareça, precisamos adicionar um ponto de dados ao gráfico. Isso é feito adicionando a linha yt.plot(t,bola.pos.y) dentro do laço while.

e) Laço while

Na linha 22, criamos um laço while com a seguinte condição: bola.pos.y-bola.radius > piso.pos.y+0.5*piso.size.y. Esse comando fará com que a bola pare quando sua parte inferior tocar o topo do piso. Vejamos a Figura 17.

Figura 17– A Figura representa o momento em que a bola penetra no piso.

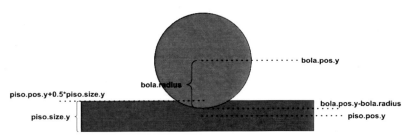

Fonte: Elaborada pelos autores.

Analisando a imagem acima, podemos observar que se a parte inferior da bola (bola.pos.y-bola.radius) estiver abaixo da parte superior do piso (piso.pos.y+ 0.5*piso.size.y), a condição do laço (bola.pos.y-bola.radius > piso.pos.y+0.5*piso.size.y) se torna falsa, pois a bola atingiu o solo e o laço para de ser executado.

Seguindo, na linha 23, há o comando rate(100). Isso significa que a animação será atualizada 100 vezes por segundo.

Na linha 24, utilizamos a fórmula de atualização velocidade bola.v+= bola.a*dt[21] para encontrar a nova velocidade. Usamos bola.v para ler a velocidade da bola. Adicionamos o valor lido à aceleração multiplicada por um intervalo de tempo muito pequeno (dt), e em seguida, atribuímos esse valor à bola.v (nova velocidade da bola). Como o período de tempo dt é muito curto, podemos considerar a aceleração constante durante esse intervalo.

---

[20] Você pode testar também o gdots() como alternativa ao gcurve().
[21] No comando *bola.v += bola.a*dt* usamos o operador de atribuição "+=" para abreviar o comando *bola.v =bola.v + bola.a*dt*.

Na linha 25, utilizamos a fórmula de atualização da posição (já com a nova velocidade) bola.pos+=bola.v*dt para encontrar a nova posição da bola. Usamos bola.pos para ler a posição da bola. Adicionamos o valor lido à velocidade multiplicada por um intervalo de tempo muito pequeno (dt), e em seguida, atribuímos esse valor à bola.pos (nova posição da bola). Como o período de tempo dt é muito curto, podemos considerar a velocidade constante durante esse intervalo.

Na linha 26, inserimos a fórmula de atualização do tempo. Toda vez que ela é executada, o tempo (t) terá um acréscimo de dt. Se não colocássemos esse comando, o *loop* não saberia quando parar.

Na linha 27, incluímos o comando yt.plot(t,bola.pos.y). Esse comando fará com que os pontos sejam traçados um de cada vez, em cada ciclo do laço.

Finalmente, na linha 29, quando a condição do laço não for mais satisfeita, o programa sairá do laço e imprimirá, na tela, o tempo de queda da bola.

Podemos observar na Figura 18 a saída do programa.

Figura 18 – Tela com a esfera em movimento de queda e o gráfico da posição vertical da esfera em função do tempo.

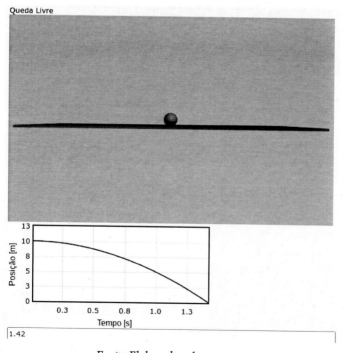

Fonte: Elaborada pelos autores.

Perceba que o gráfico da posição em função do tempo é uma parábola com concavidade para baixo, já que a componente da aceleração na direção y é negativa.

No próximo capítulo aprenderemos como fazer com que a bola realize vários ressaltos após atingir o piso. Até lá!

Pratique!

1. Modifique o programa para que sua saída inclua o gráfico da componente y da velocidade em função do tempo.

2. Modifique o programa estudado, neste capítulo, para modelar a queda de uma esfera de massa m que cai no ar sob a ação da aceleração gravitacional e de uma força de arrasto proporcional a v^2, conforme a seguinte expressão:

$$F_{ar} = b \cdot v^2$$

Em que b (kg/m ou $N/m^2 \cdot s^{-2}$) é uma constante que depende das características do objeto e das propriedades do fluido e é obtido pela seguinte expressão:

$$b = \frac{1}{2} c_d \cdot A \cdot \rho$$

Em que c_d é um parâmetro determinado de forma experimental, conhecido como coeficiente de arrasto, ρ é a massa específica do ar (massa por unidade de volume) e A é a área transversal exposta à corrente de ar.

Construa os gráficos da componente y da posição e da componente y da velocidade em função do tempo, assim como a velocidade terminal da esfera.

Obs.: Atente para o fato de que não é possível elevar um vetor ao quadrado; você tem que elevar ao quadrado a magnitude do vetor.

Capítulo 5.
Bola saltitante

No capítulo anterior, modelamos o movimento de queda de uma bola e obtivemos o gráfico do movimento. Neste capítulo, iremos modelar o movimento de ressalto da mesma.

5.1 Modelagem computacional

Uma bola é abandonada de uma certa altura na vertical e após colidir com o solo, ela ressalta. A altura máxima atingida após o ressalto não é a mesma em que a bola se encontrava inicialmente pois, mesmo desprezando a resistência do ar, ocorre durante o impacto com o solo a deformação da própria bola, além da dissipação de energia na forma de calor e energia acústica. Desta maneira, sua altura inicial é reduzida, aproximadamente, por um mesmo fator, que é conhecido como coeficiente de restituição.

O coeficiente de restituição é definido como a razão entre a velocidade relativa de afastamento dos corpos depois do choque e a velocidade relativa de aproximação antes do choque, como mostra a equação 5.1.

$$e = \frac{Velocidade\ relativa\ de\ afastamento\ (depois)}{Velocidade\ relativa\ de\ aproximação\ (antes)} \tag{5.1}$$

O valor desse coeficiente pode variar no intervalo de 0 a 1 ($0 \leq e \leq 1$), como mostra o quadro a seguir.

Quadro 1 – Classificação das colisões com base no valor do coeficiente de restituição.

Tipo de colisão	Valor de e
Elástica	e = 1
Parcialmente elástica	0 < e < 1
Inelástica	e = 0

Fonte: Elaborada pelos autores.

Nesta seção, você irá aprender a modelar o movimento de ressalto de uma bola, mas antes de prosseguir na leitura, examine o programa[22] abaixo com o objetivo identificar as diferenças entre este programa e o desenvolvido no capítulo quatro, quando estudamos a queda livre.

```
Web VPython 3.2

#1.Configuração da tela
scene.title="Bola saltitante"
scene.background=vec(0.6, 0.6, 0.6)

#2. Criação dos objetos
bola=sphere(pos=vec(0,10,0), radius=1, color=color.red)
piso=box(pos=vec(0,-1,0), size=vec(40, 0.3 , 10), texture=textures.wood)

#3. Condições iniciais
bola.a=vec(0,-9.8,0)    # aceleração da gravidade 9.8 m/s^2
bola.v=vec(0,0,0)       # velocidade da bola na direção y
t=0                     # tempo
dt=0.01                 # intervalo de tempo
e=0.74                  # coeficiente de restituição

#4. Configuração do gráfico da posição
Grafico_yt=graph(xtitle="Tempo [s]", ytitle="Posição [m]",width=400, height=200)
yt=gcurve(color=color.blue)

#5. Laço While - Movendo o objeto
while t<10:
    rate(100)
    if (bola.pos.y - bola.radius < piso.pos.y + 0.5*piso.size.y):
        bola.pos.y=piso.pos.y+0.5*piso.size.y+bola.radius
        bola.v.y=abs(bola.v.y)*e

    bola.v+=bola.a*dt
    bola.pos+=bola.v*dt
    yt.plot(t,bola.pos.y)
    t+=dt
```

O programa estudado no capítulo anterior e o exibido neste capítulo são muito parecidos, mas explicaremos algumas diferenças entre ambos.

---

[22] Para visualizar este programa, acesse o link: https://abre.ai/jUgm.

a) Condições iniciais

Na linha 16, criamos a variável e (coeficiente de restituição) e atribuímos a ela o valor 0.74. Estamos aqui supondo uma colisão parcialmente elástica, você pode mudar esse valor e ver o que acontece com o movimento. Vá em frente!

b) Laço while

Na linha 23, mudamos a condição do laço while. A condição agora é que o tempo de execução seja inferior a 10 s, t<10.

Na linha 25, você encontrará a principal mudança no código. A inclusão da estrutura de decisão if ("se", em português). Dessa forma, se a condição bola.pos.y-bola.radius<piso.pos.y+0.5*piso.size.y for falsa, as duas linhas recuadas, dentro do *if*, serão ignoradas pelo programa. Se, no entanto, a condição for verdadeira, as duas linhas recuadas serão seguidas. O que fazemos é verificar se a bola passou abaixo do nível do chão.

Nas duas linhas recuadas, corrigimos o movimento da bola trazendo-a de volta para superfície e também mudamos a direção da *componente y* de sua velocidade, para que comece a se mover para cima novamente.

Pareceria natural se, ao detectar a bola caindo no chão, alguém executasse bola.v = -bola.v, e isso às vezes funcionaria bem. No entanto, pode acontecer, neste tipo de situação, que a bola fique presa no chão! A abordagem segura é executar bola.v.y=abs(bola.v.y)[23], como fizemos na linha 27.

Pensamos que isto é particularmente importante se a bola atingir um ângulo em que a componente y mude, mas as componentes x e z, não. O gráfico do movimento é apresentado na Figura 19.

Figura 19 – Gráfico da posição em função do tempo para o movimento de ressalto de uma bola.

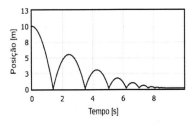

Fonte: Elaborada pelos autores.

---

[23] A função abs(x) retorna o valor absoluto de x.

A imagem mostra as sucessivas posições que uma bola atinge, após ser abandonada de uma certa altura e tocar o solo repetidas vezes até o seu repouso. Pode-se verificar que pelas alturas máximas atingidas, após cada ressalto, passa uma curva exponencial. Você pode verificar isso no *livro* "Smartmática: a matemática do dia a dia através da videoanálise"[24].

5.2 Incluindo setas para visualizar o vetor velocidade e o vetor aceleração

Agora, vamos aprender a como incluir duas setas em nosso programa[25] para representar a velocidade (seta preta) e a aceleração gravitacional (seta azul) e assim, podermos visualizá-las. Vejamos o código abaixo.

```
1   Web VPython 3.2
2
3   #1.Configuração da tela
4   scene.title="Bola saltitante"
5   scene.background=vec(0.6, 0.6, 0.6)
6
7   #2. Criação dos objetos
8   bola=sphere(pos=vec(0,10,0), radius=1, color=color.red)
9   piso=box(pos=vec(0,-1,0), size=vec(40, 0.3 , 10), texture=textures.wood)
10
11  #3. Condições iniciais
12  bola.a=vec(0,-9.8,0)    # aceleração da gravidade 9.8 m/s^2
13  bola.v=vec(0,0,0)       # velocidade da bola na direção y
14  t=0                     # tempo
15  dt=0.01                 # intervalo de tempo
16  e=0.74                  # coeficiente de restituição
17
18  #4. Configuração do gráfico da posição
19  Grafico_yt=graph(xtitle="Tempo [s]", ytitle="Posição [m]",width=400, height=200)
20  yt=gcurve(color=color.blue)
21
22  #5. Laço While - Movendo o objeto
23  while t<10:
24      rate(100)
25      if (bola.pos.y - bola.radius < piso.pos.y + 0.5*piso.size.y):
26          bola.pos.y=piso.pos.y+0.5*piso.size.y+bola.radius
27          bola.v.y=abs(bola.v.y)*e
28
29      bola.v+=bola.a*dt
30      bola.pos+=bola.v*dt
31      attach_arrow(bola,"v", color=color.black, shaftwidth=0.25)
32      attach_arrow(bola,"a", color=color.blue, shaftwidth=0.25)
33
34      yt.plot(t,bola.pos.y)
35      t+=dt
```

---

[24] Para saber mais consulte: https://abre.ai/jUgy, p.19-21.
[25] Para visualizar este programa, acesse o link: https://abre.ai/jUgz.

Analisando o código acima, perceba que as únicas mudanças que ocorreram em relação ao anterior estão nas linhas 31 e 32, onde incluímos os comandos:

attach_arrow(bola,"v", color=color.black, shaftwidth=0.25)

attach_arrow(bola,"a", color=color.blue, shaftwidth=0.25)

Estas linhas de código irão anexar duas setas à bola para representar sua velocidade ("v"), seta preta, e sua aceleração ("a"), seta azul, respectivamente. Estas setas serão exibidas continuamente na localização da bola em movimento.

Observe que o comando attach_arrow apresenta ainda mais dois atributos:

a) a cor da seta (color);
b) a largura do eixo da seta (shaftwidth).

A Figura 20 mostra um instante da simulação em execução.

Figura 20 – Saída do programa que modela o movimento de ressalto de uma bola em execução.

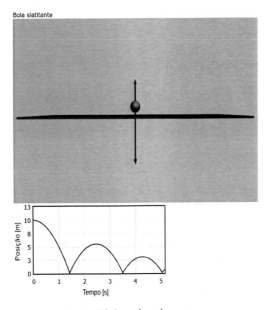

Fonte: Elaborada pelos autores.

Ao executar o programa, você visualiza a variação na magnitude do vetor velocidade pela mudança no comprimento da seta, enquanto a magnitude do vetor aceleração permanece constante durante todo o movimento. Sugerimos que tente mudar o valor da velocidade, da altura de queda para verificar como o movimento se comporta.

Um pouco de *Python*...

Neste capítulo, você viu como usar uma declaração if simples em um programa. Aqui descrevemos mais alguns recursos adicionais das instruções if. Vamos lá!?

Muitas vezes, em nossos programas, será necessário decidir que parte do programa será executada. Para isso, usamos a estrutura de decisão if. A sintaxe dessa estrutura é bastante simples:

```
if <condição>:
    Código a ser executado quando a condição for atendida
```

Repare que o código a ser executado não está alinhado com o if, dizemos então que ele está "endentado", ou seja, recuado da margem. Como visto no Capítulo 3, todas as linhas associadas devem estar a uma mesma profundidade de recuo, para isso, costumamos dar 4 (quatro) espaços ou 1 Tab. Reforçamos que é aconselhável não misturar espaços e Tabs.

Quando há apenas uma linha de código a ser executada, e se a condição for verdadeira, ela pode ser colocada diretamente após os dois pontos, como mostra a sintaxe abaixo:

```
if <condição>: Código a ser executado quando a condição for atendida
```

Caso queira que algo seja executado quando a condição for falsa, você deve usar a cláusula "*else*", que significa "caso contrário", em português. Vejamos sua sintaxe:

```
if <condição>:
    Código a ser executado quando a condição for atendida
else:
    Código a ser executado quando a condição não for atendida
```

Assim, o nosso código pode ser lido da seguinte forma: se a condição for verdadeira, o código abaixo dos dois pontos deverá ser executado, caso contrário, execute a próxima linha de código.

Caso haja mais condições, você poderá usar o elif (contração para "*else if*"). Veja a sintaxe a seguir:

```
if <condição 1>:
  Código a ser executado quando a condição 1 for atendida
elif <condição 2>:
  Código a ser executado quando a condição 1 não for atendida e a condição 2 for atendida
else:
  Código a ser executado quando as condições 1 e 2 não forem atendidas
```

Para cada estrutura de decisão, deve existir um if iniciando a estrutura. Podem haver quantos elif forem necessários e no máximo um else, este sempre no final. Porém, não há a obrigatoriedade de em uma estrutura de decisão se encerrar com um else. Ela pode terminar com um elif. Vejamos um exemplo prático no código a seguir:

Figura 20 – Utilização da estrutura de decisão: if.

```
1  Web VPython 3.2
2
3  a = 7
4  b = 7
5
6  if(a > b):
7      print("a > b")
8  elif(a == b):
9      print("a = b")
10 else:
11     print("a < b")
```

a = b

Fonte: Elaborada pelos autores.

Agora, vamos explicar linha a linha do código:

1. Observe que, na linha 1, aparece automaticamente o texto "*Web VPython 3.2*" e que pulamos a linha 2.
2. Na linha 3, atribuímos à variável "a" o valor 7.
3. Na linha 4, atribuímos à variável "b", também, o valor 7.

4. Na linha 6, temos *"if(a>b)"*. A expressão entre parênteses (a>b) será avaliada e se o resultado for verdadeiro, a linha 7 será impressa na tela, mas se for falsa, a linha 7 será ignorada. Como a expressão é realmente falsa, a linha 7 é ignorada e o programa passa para a próxima instrução.

5. Na linha 8, temos *"if(a==b)"*. A expressão entre parênteses (a==b) será avaliada e se o resultado for verdadeiro, a linha 9 será impressa na tela. Como a expressão é verdadeira, (a=b) é impresso na tela.

6. A linha 10 só seria avaliada se nenhuma das condições anteriores fosse atendida. Porém, como a segunda condição foi satisfeita, a linha 10 é ignorada.

Até agora, então, estudamos o movimento em uma única dimensão. No próximo capítulo, estudaremos um caso bidimensional: por meio do lançamento de projéteis. Até lá!

Pratique!

1. Modifique o programa apresentado no capítulo, para que haja:

    a) uma colisão elástica da bola com o piso;

    b) uma colisão inelástica da bola com o piso.

Analise os gráficos da componente y da posição em função do tempo em cada situação.

2. Modifique o programa para que ele forneça também o gráfico da componente y da velocidade em função do tempo.

Capítulo 6.
Lançamento de projéteis

Nos capítulos anteriores, modelamos apenas movimentos unidimensionais. Agora, vamos aprender a modelar um caso bidimensional com um lançamento de um projétil.

6.1 Modelagem computacional

O movimento de um projétil é formado por dois movimentos independentes: um movimento uniforme na horizontal (direção x) e um movimento uniformemente variado na vertical (direção +y). Esse movimento composto recebe o nome de Princípio da Independência dos Movimentos de Galileu. De acordo com este princípio, quando um móvel realiza um movimento composto, cada um dos movimentos componentes se realiza independentemente, como se os demais não existissem. Um outro ponto importante é que, neste caso, temos uma aceleração constante (aceleração gravitacional) apenas no sentido vertical e movimento com velocidade constante na horizontal.

Para iniciarmos com nossa modelagem bidimensional, vamos examinar o programa[26] abaixo.

```
1   Web VPython 3.2
2
3   #1. Configuração da tela
4   scene.title="Lançamento de Projéteis"
5   scene.background=vec(0.6, 0.6, 0.6)
6
7   #2. Criação dos objetos
8   bola=sphere(pos=vec(-20,0,0), radius=1, color=color.red, make_trail=True)
9   piso=box(pos=vec(0,-1,0), size=vec(40, 0.3 , 10), texture=textures.wood)
10
11  #3. Condições iniciais
12  bola.a=vec(0,-9.8,0)          # aceleração da gravidade 9.8 m/s^2
13  v0=20                         # velocidade inicial
```

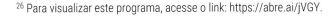

[26] Para visualizar este programa, acesse o link: https://abre.ai/jVGY.

64 *Modelagem Computacional com Web VPython: Mecânica*

```
14   theta=radians(30)              # ângulo de lançamento
15   bola.v=v0*vec(cos(theta), sin(theta), 0)    # velocidade da bola
16   t=0                            # tempo inicial
17   dt=0.01                        # intervalo de tempo
18
19   #4. Configuração do gráfico da posição
20   Grafico_yt=graph(xtitle="Tempo [s]", ytitle="Posição [m]", width=400, height=200)
21   yt=gcurve(color=color.blue)
22
23   #5. Laço while - Movendo o objeto
24   while (bola.pos.y - bola.radius >= piso.pos.y):# outra opção: while (bola.pos.y)>=0:
25     rate(100)
26     bola.v+=bola.a*dt
27     bola.pos+=bola.v*dt
28
29     attach_arrow(bola,"v", color=color.black, shaftwidth=0.25)
30     attach_arrow(bola,"a", color=color.blue, shaftwidth=0.25)
31
32     t+=dt
33     yt.plot(t,bola.pos.y)
34
35   print(t)
```

Vamos analisar o que mudou neste código em relação ao que estudamos no capítulo 5, *"Bola saltitante"*.

a) Configuração da tela

Na linha 4, renomeamos o título da tela.

b) Criação dos objetos

Na linha 8, modificamos a posição da bola para *"pos=vec(-20,0,0)"*.

c) Condições iniciais

Na linha 13, definimos o valor da velocidade inicial (v_0) como sendo 20m/s.

Na linha 14, aparece o primeiro ponto de atenção. O *Web VPython* trabalha com ângulos em radianos, isso significa que temos que converter nossos ângulos de graus para radianos usando a função *radians(x)*, onde x é o valor do ângulo em graus que queremos converter.

Na linha 15, definimos o valor da velocidade da bola como "*bola.v = v0*vec(cos(theta), sin(theta), 0)*", onde "*v0*cos(theta)*" é a componente da velocidade inicial na direção x, "*v0*sin(theta)*" é a componente da velocidade inicial na direção y e 0 é a componente da velocidade inicial na direção z.

NOTA: Como não há ressaltos, podemos retirar o coeficiente de restituição presente no código da bola saltitante.

d) Laço while

Na linha 24, criamos um laço (*loop*) while. Perceba que a condição mudou para "*bola.pos.y - bola.radius >= piso.pos.y*". Esse comando fará com que a bola pare quando atingir o piso. Uma outra opção seria usar "*bola.pos.y>=0*".

NOTA: Perceba que não há a necessidade do comando "*if*" presente no código da bola saltitante.

A Figura 21, a seguir, mostra a saída do programa.

Figura 21 – A imagem de cima apresenta o movimento da bola, já a imagem de baixo, mostra o gráfico da posição vertical em função do tempo.

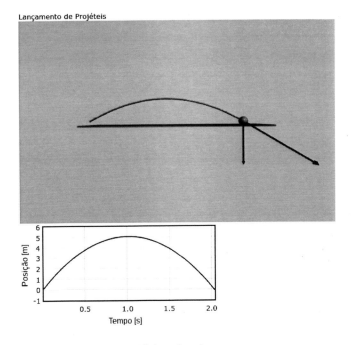

Fonte: Elaborada pelos autores.

Ao executar o programa, você visualizará a variação na magnitude do vetor velocidade pela mudança no comprimento da flecha, enquanto que a magnitude do vetor aceleração permanecerá constante durante todo o movimento. Os resultados estão de acordo com a teoria do movimento de projéteis, o que valida nosso modelo.

No próximo capítulo, estudaremos outro caso de movimento bidimensional por meio do estudo de um movimento circular uniforme. Até lá!

Pratique!

1. Para descobrir o alcance da bola, inclua, ao final do código estudado neste capítulo a linha de código:
print("O alcance foi :",bola.pos.x+20,"metros").

2. Modifique o programa para que ele forneça também o gráfico da componente x posição em função do tempo.

3. Modifique o valor do ângulo de lançamento e crie uma tabela. Verifique para qual valor de ângulo temos o maior alcance.

4. Modifique o programa, estudado neste capítulo, para modelar o lançamento oblíquo de uma esfera de massa m, que se move sob a ação de uma força de arrasto proporcional a v^2, $F_{ar} = b \cdot v^2$.

5. Execute o exercício 4 para diferentes ângulos de lançamento e determine o ângulo que lhe dá o maior alcance. Obs.: sem arrasto de ar, sabemos que este ângulo é de 45 graus.

6. Escreva um programa que forneça, como saída, um modelo computacional que apresente duas bolas idênticas, lançadas de um mesmo ângulo inicial e em movimento oblíquo. Uma delas viaja sob a ação da aceleração gravitacional e de uma força de arraste proporcional a v^2, enquanto a segunda, viaja apenas sob a ação da aceleração gravitacional.

Obs.: na resolução do Pratique 4 e 6, atente para o fato de que não é possível elevar um vetor ao quadrado. Você tem que elevar ao quadrado a magnitude do vetor.

Capítulo 7.
Movimento circular uniforme

No capítulo anterior, modelamos um caso de movimento bidimensional, o lançamento de projéteis. Neste capítulo, modelaremos um movimento circular uniforme.

7.1 Modelagem computacional

Em um movimento circular uniforme, a velocidade vetorial $\vec{v}$ tem magnitude constante, pois o movimento mantém velocidade escalar constante, já que a aceleração tangencial $\vec{a_t}$ do movimento é nula. Contudo, como o movimento possui uma trajetória curva, a direção de $\vec{v}$ é variável e, como consequência, sua aceleração centrípeta é diferente de zero e seu módulo é constante, pois a velocidade escalar v e seu raio R da trajetória são constantes.

É importante destacar que a aceleração centrípeta possui módulo constante, porém varia em direção e sentido.

Neste capítulo, precisaremos calcular a magnitude e a direção da aceleração centrípeta utilizando as funções *mag( )* e *hat( )* estudadas no capítulo 1. Se não se sentir seguro em prosseguir, retorne ao capítulo e releia suas seções.

Agora, vamos examinar o programa[27] abaixo, que estamos fornecendo a você.

```
1    Web VPython 3.2
2
3    #1.Configuração da tela
4    scene.title="Movimento circular uniforme"
5
6    #2. Criação dos objetos
7    bola=sphere(pos=vec(5, 0, 0), radius=0.5, color=color.red, make_trail=True)
8
9    #3. Condições iniciais
10   R=5                    # Raio do movimento circular
```

---

[27] Para visualizar este programa, acesse o link: https://abre.ai/jVGZ.

```
11   bola.v=vec(0, 5, 0)        # Velocidade em m/s
12   t=0                  # Tempo inicial
13   dt=0.01                 # Tempo entre cada quadro da animação
14
15   #4. Configuração do gráfico da posição
16   Grafico_yt=graph(xtitle="Tempo [s]", ytitle="Posição [m]", width=400, height=200)
17   yt=gcurve(color=color.blue)
18
19   #5. Laço While - Movendo o objeto
20   while (True):
21     rate(100)
22     r=bola.pos-vec(0,0,0)
23     bola.a=(bola.v.mag2 / R) * -hat(r)
24
25     bola.v+=bola.a*dt
26     bola.pos+=bola.v*dt
27
28     attach_arrow(bola,"v", color=color.magenta, shaftwidth=0.25)
29     attach_arrow(bola,"a", color=color.yellow, shaftwidth=0.25)
30
31     yt.plot(t,bola.pos.y)
32     t+=dt
```

Após analisar o programa acima, você deve ter percebido que as mudanças mais significativas entre este código e os anteriores encontram-se no laço while. Vamos entendê-lo.

a) Laço while

Na linha 20, definimos a condição como sendo *True*. O termo *True*, significa "verdadeiro". Assim, estamos dizendo ao programa que execute o laço indefinidamente, ou seja, para sempre.

Para modelar o movimento circular, teremos que trabalhar com a forma vetorial da aceleração centrípeta. Vejamos:

$$\vec{a}_{cp} = -\frac{v^2}{R}\hat{r} \qquad (7.1)$$

Nesta fórmula, fatoramos o vetor aceleração em magnitude e orientação (direção e sentido), onde $\vec{a}_{cp}$ é o vetor aceleração centrípeta, $\frac{v^2}{R}$ é a magnitude (módulo) da aceleração centrípeta e $-\hat{r}$ é o vetor unitário[28] que aponta na mesma direção e sentido da aceleração centrípeta.

Assim, para calcular a aceleração centrípeta, deveremos seguir os seguintes passos:

1º - Calcular o vetor posição relativa - o vetor posição relativa, $\vec{r}$, é o vetor posição do objeto em relação ao eixo de rotação (o centro do movimento).

2º - Calcular o vetor aceleração centrípeta - ele é o produto da magnitude da aceleração centrípeta, $\dfrac{v^2}{R}$, pelo vetor unitário, $-\hat{r}$, que aponta na mesma direção e sentido da aceleração centrípeta.

O sinal negativo é necessário porque a aceleração centrípeta está na mesma direção, mas no sentido oposto ao vetor posição relativa, $\vec{r}$. Veja a Figura 22.

Figura 22 – *A imagem mostra o vetor posição, $\vec{r}$, da bola em relação ao eixo de rotação, o vetor aceleração centrípeta e o vetor unitário $-\hat{r}$.*

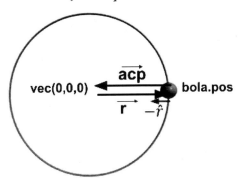

Fonte: Elaborada pelos autores.

Outro detalhe: estes cálculos devem ser realizados dentro do laço, pois a posição do objeto muda toda vez que o objeto se move e, portanto, a aceleração centrípeta é alterada também. Dessa forma, é necessário calcular a aceleração centrípeta a cada novo intervalo de tempo.

Os passos descritos acima são realizados nas linhas 22 e 23 do nosso código. Veja a seguir.

---

[28] Caso precise, releia a seção sobre vetor unitário no capítulo 1.

Na linha 22, usamos "$r = bola.pos-vec(0,0,0)$" para encontrar o vetor de posição da bola em relação ao eixo de rotação do movimento circular.

Na linha 23, usamos "$bola.a = (bola.v.mag2 / R) * -hat(r)$" para obter o vetor aceleração centrípeta da bola. Aqui, multiplicamos a magnitude da aceleração pelo vetor unitário (orientação) para obter a aceleração vetorial.

Vamos explicar a linha 23 com mais detalhes: o termo "$bola.v.mag2$" é usado para calcular o quadrado da magnitude do vetor velocidade. Verifique que, na a equação 7.1, a velocidade está ao quadrado. Assim, a função $mag()$ calcula a magnitude de um vetor, enquanto a função $mag2()$ calcula o quadrado dessa magnitude. Já o termo "$-hat(r)$" é usado para calcular o vetor unitário na direção e sentido da aceleração centrípeta.

Nas linhas 25 e 26, solicitamos a atualização da velocidade e da posição da bola. As linhas 28 e 29 irão anexar uma seta à bola para representar sua velocidade ("v") e a aceleração ("a"), respectivamente.

Na linha 31, é adicionado um ponto ao gráfico da posição na direção y em função do tempo a cada execução do laço e, finalmente, na linha 32, atualizamos o tempo.

Após executar o programa, o resultado pode ser visto como mostrado na Figura 23.

Figura 23 – Saída do programa que modela o movimento circular com velocidade constante.

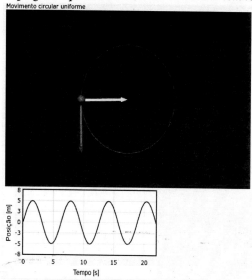

Fonte: Elaborada pelos autores.

Ao observar o gráfico da posição na direção y em função do tempo, percebemos a relação existente entre o movimento circular e o movimento harmônico simples. Portanto, uma partícula que se move sobre uma trajetória circular equivale a um movimento oscilatório dessa partícula.

7.2 scene.range (opcional)

Nesta subseção vamos falar um pouco sobre o comando scene.range. Com ele, você pode aumentar ou diminuir o zoom da câmera. Vamos analisar um exemplo.

No programa criado neste capítulo, ao incluir a linha de código scene.range=50, na seção "Configuração da tela", e executar o programa, você perceberá que o movimento se realiza distante da tela e que é difícil perceber as setas acompanhando o movimento da bola.

Para voltar a perceber nitidamente as setas, precisamos modificar o atributo shaftwidth. O que acontece se você alterar seu valor para 1.5 e executar o programa?

Esse conhecimento pode ser muito importante quando os problemas se tornarem mais complexos. Vejamos mais um exemplo:

Suponha que você tem uma situação em que existem forças cujas magnitudes são 10.000 N e 20.000 N aplicadas a objetos massivos que se movem com velocidades de 3m/s e 8m/s, e que scene.range seja 1000.

Para exibir as duas setas de força na tela, você precisará reduzir drasticamente os atributos do eixo dessas setas e, para exibir as duas velocidades, você precisa aumentar os atributos do eixo das setas.

Esse tipo de situação é ideal para usar attach_arrow, pois, ao anexar uma seta, você precisará especificar um fator de escala.

Tudo isso contribui para a possibilidade de afirmar que um "vetor" é uma abstração e que uma seta não é um vetor, mas um objeto usado para representar concretamente um vetor.

Vejamos as alterações realizadas no programa[29]:

---

[29] Para visualizar este programa, acesse o link: https://abre.ai/jVG2.

72   *Modelagem Computacional com Web VPython: Mecânica*

```
1    Web VPython 3.2
2
3    #1.Configuração da tela
4    scene.range=50
5    scene.title="Movimento circular uniforme"
6
7    #2. Criação dos objetos
8    bola=sphere(pos=vec(5, 0, 0), radius=0.5, color=color.red, make_trail=True)
9
10   #3. Condições iniciais
11   R=5                      # Raio do movimento circular
12   bola.v=vec(0, 5, 0)        # Velocidade em m/s
13   t=0                      # Tempo inicial
14   dt=0.01                    # Tempo entre cada quadro da animação
15
16   #4. Configuração do gráfico da posição
17   Grafico_yt=graph(xtitle="Tempo [s]", ytitle="Posição [m]", width=400, height=200)
18   yt=gcurve(color=color.blue)
19
20   #5. Laço While - Movendo o objeto
21   while (True):
22      rate(100)
23      r=bola.pos-vec(0,0,0)
24      bola.a=(bola.v.mag2 / R) * -hat(r)
25
26      bola.v+=bola.a*dt
27      bola.pos+=bola.v*dt
28
29      attach_arrow(bola,"v", color=color.magenta, scale=1.5,shaftwidth=0.25)
30      attach_arrow(bola,"a", color=color.yellow, scale=1.5, shaftwidth=0.25)
31
32      yt.plot(t,bola.pos.y)
        t+=dt
```

No próximo capítulo, modelaremos um sistema massa-mola. Até lá!

Pratique!

1. Modifique o programa para que ele forneça também os gráficos da componente y da velocidade e da componente y da aceleração em função do tempo.

Capítulo 8.
Força elástica

Neste capítulo, modelaremos o movimento de uma bola pendurada em uma mola.

8.1 Modelagem computacional

Inicialmente, temos uma mola de comprimento L_0 pendurada verticalmente em um ponto de apoio acima dela. Em um segundo momento, prendemos na mola uma bola de massa (m), fazendo com que seu comprimento passe a ter um valor L, como mostra a Figura 24.

Figura 24 – A Figura da esquerda apresenta uma mola em seu comprimento natural. A mola da direita mostra as forças que agem sobre ela quando uma bola de massa (m) é posta em sua extremidade livre.

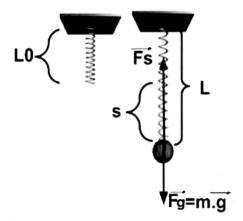

Fonte: Elaborada pelos autores.

A força $\vec{F_s}$ sofrida pela mola como resultado de sua deformação é um exemplo de força não constante no sentido vetorial, uma vez que a força age sempre no sentido de restaurar a mola à sua configuração inicial. Por isso, é chamada de força restauradora. Esta força tem a direção da linha da mola (eixo da mola) e sua intensidade é dada pela lei de Hooke:

$$F_s = -k \cdot (L - L_0) \qquad (8.1)$$

Sendo:

F_s a magnitude da força elástica;
k uma constante de proporcionalidade, conhecida como constante elástica;
L o comprimento da mola quando esticada ou comprimida;
L_0 o comprimento natural da mola (comprimento da mola relaxada).

O termo $(L - L_0)$ é o valor do deslocamento (deformação da mola) da extremidade da mola em relação à posição de equilíbrio, a qual chamaremos de s. Dessa forma, a equação 8.1 pode ser reescrita como:

$$F_s = -k \cdot s \qquad (8.2)$$

A constante elástica é sempre positiva, e o sinal negativo na fórmula indica que a força elástica tem sempre sentido oposto ao deslocamento (deformação da mola).

A lei de Hooke não é válida para todos os deslocamentos elásticos. Se ela for esticada demais pode não retornar ao seu comprimento original.

Agora, vamos observar o programa[30] a seguir:

```
1   Web VPython 3.2
2
3   #1.Configuração da tela
4   scene.background=color.white
5
6   #2. Criação dos objetos
7   teto=box(pos=vec(0,0,0), size=vec(0.1,0.005, 0.1), texture=textures.wood)
8   bola=sphere(pos=vec(0,-0.1,0),radius=0.02, color=color.red)
9   mola=helix(pos=teto.pos, axis=bola.pos-teto.pos, coils=15, radius=0.008, thi-
10  ckness=0.003, color=color.green)
11  #3. Condições iniciais
12  scene.center=bola.pos    # Colocando a bola no centro da tela
13  bola.v=vec(0,0,0)        # Velocidade inicial em m/s
14  L0=0.1                   # Comprimento da mola relaxada
15  k=15                     # Constante elástica em N/m
16  bola.m=0.1               # Massa da bola em kg
17  g=vec(0,-9.8,0)          # Aceleração gravitacional
18  t=0                      # Tempo inicial
```

---

[30] Para visualizar este programa, acesse o link: https://abre.ai/jUgH.

```
19  dt=0.01              # Intervalo de tempo entre cada quadro
20
21  #4. Configuração do gráfico da posição
22  Grafico_yt=graph(xtitle="Tempo [s]", ytitle="Posição [m]", width=400, height=200)
23  yt=gcurve(color=color.blue)
24
25  #5. Laço While - Movendo o objeto
26  while t<10:
27      rate(100)
28      L=bola.pos-teto.pos
29      Fs=-k*(mag(L)-L0)*hat(L)
30      F= Fs+bola.m*g
31
32      bola.v+=F/bola.m*dt
33      bola.pos+=bola.v*dt
34      mola.axis=bola.pos-teto.pos
35      yt.plot(t,bola.pos.y)
36      t+=dt
```

Agora, vejamos o que mudou neste código em relação ao que estudamos no capítulo 7, *"Movimento circular com velocidade constante"*.

a) Configuração da tela

Na linha 4, colorimos o fundo da tela *"scene.background"* com *color.white* (fundo branco).

b) Criação dos objetos

Na linha 7, criamos um teto, que servirá para fixar a mola (hélice) na posição *"pos=vec(0,0,0)"*, com dimensões *"size=vector(0.1,0.005, 0.1)"* e aplicamos uma textura de madeira utilizando textures.wood.

Na linha 8, criamos uma bola vermelha *"color=color.red"* com um raio de 0.02 m e localizada na posição *"pos=vec(0,10,0)"*.

Na linha 9, criamos a mola (hélice). Localizamos uma de suas extremidades no teto *"teto.pos"* e a outra na bola *"axis=bola.pos-teto.pos"*, como mostra a Figura 25.

Figura 25 – A Figura representa o eixo da mola.

Fonte: Elaborada pelos autores.

A mola ainda apresenta 15 bobinas, "*coils=15*", raio de 0.008 m, "*radius= 0.008*", uma espessura de 0.003 m, "*thickness=0.003*" e a cor verde, "*color.green*".

c) **Condições iniciais**

Na linha 12, definimos o centro da tela "*scene.center=bola.pos*". Você deve estar se perguntando o porquê de não termos definido antes. O motivo é que queríamos que a bola fosse o centro da tela, então criamos a bola para poder fazer essa definição.

NOTA: Como exercício, tente tirar esse trecho de código da posição em que ele se encontra e o coloque nas configurações de tela para ver o que acontece.

Continuando, na linha 13, definimos o vetor velocidade inicial "*bola.v= vec(0,0,0)*".

Na linha 14, indicamos o comprimento da mola relaxada "*L0=0.01*", em m.

Na linha 15, informamos o valor da constante elástica da mola "*k=15*", N/m.

Na linha 16, definimos sua massa "*bola.m=0.1*", kg.

Na linha 17, definimos o vetor aceleração gravitacional "*g=vec(0,-9.8,0)*" e nas linhas 18 e 19, definimos o tempo inicial e o intervalo de tempo entre cada quadro.

d) **Laço while**

Como informado anteriormente, estamos modelando em um ambiente 3D, então temos que trabalhar com a equação 8.1 em sua forma vetorial:

$$\vec{F_s} = -k \cdot s \cdot \hat{L} \tag{8.3}$$

A deformação da mola s, é definida como:

$$s = \left| \vec{L} \right| - L_0 \tag{8.4}$$

Sendo:

$\left| \vec{L} \right|$, é o módulo do vetor $\vec{L}$, que vai do ponto em que a mola está presa (teto) até a sua ponta solta (onde localizamos a bola);

L_0 é o comprimento da mola relaxada.

NOTA: Perceba que a deformação pode ser positiva ou negativa.

De posse dessas informações, na linha 28, definimos o vetor $\vec{L}$ *"bola.pos-teto.pos"*, com o mesmo código para o eixo da mola.

Na linha 29, definimos a força elástica *"Fs=-k*(mag(L)-L0)*hat(L)"*. Na fórmula, *"Fs"* é a própria força elástica, *"k"* é a constante elástica da mola, a *"mag(L)"* é a magnitude do vetor $\vec{L}$ e *"hat(L)"*, o vetor unitário na direção da força, que atua na direção do eixo da mola.

Na linha 30, definimos a força resultante, *"F"*, sobre a mola, como sendo a força elástica somada à força gravitacional da bola *"F= Fs+bola.m*g"*.

Na linha 32, ajustamos a velocidade conforme a equação *"bola.v+ = F/bola.m*dt"*.

NOTA: Nessa modificação, a aceleração do sistema é definida como a força sobre a massa da bola, ou seja, *"F/bola.m"*.

Na linha 33, atualizamos a posição da bola e na linha 34, atualizamos o eixo da mola.

Nas linhas 35 e 36, incluímos um ponto ao gráfico da posição na direção y em função do tempo a cada atualização do laço, e atualizamos o tempo, respectivamente.

O resultado do programa pode ser visto na Figura 26.

Figura 26– Print do movimento de uma bola presa a uma mola e o gráfico do movimento na direção y em função do tempo.

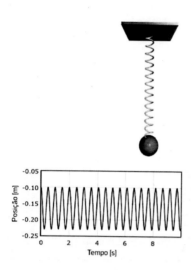

Fonte: Elaborada pelos autores.

Comparando este gráfico com o do movimento circular, discutido no capítulo anterior, percebemos a relação existente entre o movimento circular e o movimento harmônico de uma partícula, como comentamos anteriormente.

Agora chegou a sua vez! Vá até a seção "Pratique!" e faça alguns exercícios.

Pratique!

1. Modifique o programa para que ele forneça o gráfico da componente y da velocidade em função do tempo.

2. Adicione uma força de arrasto ao programa do exercício anterior.

Capítulo 9.
Uma luz no fim do túnel

Este capítulo foi escrito pelos autores em colaboração com o ChatGPT.

A integração da tecnologia na educação desempenha um papel crucial na formação dos(as) estudantes. No entanto, muitos(as) professores(as), pela falta de conhecimento prévio, podem sentir-se desafiados(as) a incorporar tecnologias em suas práticas de ensino, especialmente quando se trata de programação.

Neste sentido, este capítulo tem como objetivo apresentar uma abordagem acessível e prática para professores(as) sem experiência em programação e que desejam explorar a modelagem computacional 3D por meio do Web VPython em colaboração com o ChatGPT. Aprender a criar modelos computacionais não apenas amplia o leque de recursos didáticos, mas também abre caminhos para uma compreensão mais profunda e envolvente dos conceitos abordados em sala de aula.

A seguir, apresentaremos três exemplos de simulações geradas pelo ChatGPT, envolvendo assuntos como movimento planetário, primeira lei de Kepler e queda livre. Esses recursos podem ser desenvolvidos a partir dos prompts criados pelos(as) professores(as), possibilitando, assim, experiências de aprendizado interativas e alinhadas às necessidades específicas de cada componente. Então, preparados(as)?

9.1 Exemplos de simulações

Exemplo 1

No contexto do *ChatGPT*, um *prompt* é a entrada de texto que você fornece para iniciar a conversa e receber uma resposta gerada pelo modelo. O primeiro *prompt* que criamos foi:

"Crie um modelo computacional de um movimento planetário no *VPython*. Neste modelo deve haver o Sol, a Terra e a Lua".

Como você pode verificar na Figura 27, a saída gerada pelo *ChatGPT* é um código, mas não o movimento em si. É necessário copiar o código e colar no ambiente do *Web Vpython*.

Figura 27– Print do diálogo com o ChatGPT.

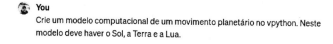

Fonte: Elaborada pelos autores.

Outro detalhe, a primeira linha do código é **"from vpython import *"**, pois o *ChatGPT* gera um código para ser rodado no *VPython* instalado no computador.

Neste livro, utilizamos o ambiente de programação *online Web VPython*, dessa forma é necessário incluir no corpo do código "Web VPython 3.2" logo na primeira linha, para que o programa seja executado. O resultado do código modificado pode ser visto no programa abaixo.

```
1  Web VPython 3.2
2
3  #from vpython import *
4
5  # Criação dos objetos
6  sol = sphere(pos=vector(0, 0, 0), radius=10, color=color.yellow)
7  terra = sphere(pos=vector(30, 0, 0), radius=5, color=color.blue, make_trail=True)
8  lua = sphere(pos=vector(30, 0, 10), radius=2, color=color.white, make_trail=True)
9
```

```
10   # Parâmetros do movimento
11   dist_terra_sol = 30
12   dist_lua_terra = 10
13   vel_angular_terra = 0.02
14   vel_angular_lua = 0.1
15
16   # Loop de animação
17   while True:
18     rate(30)
19
20     # Movimento da Terra ao redor do Sol
21     terra.pos = vector(dist_terra_sol * cos(vel_angular_terra), dist_terra_sol *
22   sin(vel_angular_terra), 0)
23
24     # Movimento da Lua ao redor da Terra
25     lua.pos = terra.pos + vector(dist_lua_terra * cos(vel_angular_lua), dist_lua_terra *
26   sin(vel_angular_lua), 0)
27
28     # Atualização dos ângulos
29     vel_angular_terra += 0.005
30     vel_angular_lua += 0.03
```

Observe que, na linha 3, "from vpython import *" está comentado, ou seja, colocamos a cerquilha (#) na frente desse comando. Porém, não é obrigatório. O programa rodará da mesma forma e o resultado pode ser visto na figura 28.

Figura 28– Print do movimento planetário gerado pelo ChatGPT e rodado no Web VPython.

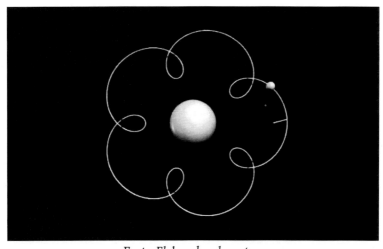

Fonte: Elaborada pelos autores.

Neste modelo:

- O Sol é representado por uma esfera amarela.
- A Terra é uma esfera azul que orbita o Sol.
- A Lua é uma esfera branca que orbita a Terra.

Caso deseje observar o modelo em movimento, leia o QrCode ou utilize o link a seguir: https://abre.ai/jUgK.

Exemplo 2

A primeira lei de Kepler, conhecida como a Lei das Órbitas, afirma que os planetas descrevem órbitas elípticas ao redor do Sol, tendo o Sol como um dos focos da elipse. Para criar um modelo que represente esta lei, inserimos no ChatGPT o seguinte prompt:

Prompt: *Crie um modelo computacional em Vpython da primeira lei de kepler: a lei das órbitas.*

Saída gerada pelo *ChatGPT*:

```
1   Web VPython 3.2
2
3   #from vpython import *
4
5   # Função para calcular posição em uma órbita elíptica
6   def posicao_elipse(a, b, t):
7       x = a * cos(t)
8       y = b * sin(t)
9       return vector(x, y, 0)
10
11  # Parâmetros da elipse
12  a = 10  # Semi-eixo maior
13  b = 7   # Semi-eixo menor
14
```

```
15   # Criar elipse
16   elipse = curve(color=color.white)
17
18   # Atualização da posição na elipse
19   for theta in range(0, 361, 1):
20      t = radians(theta)
21      elipse.append(pos=posicao_elipse(a, b, t))
22
23   # Sol no centro
24   sol = sphere(pos=vector(0, 0, 0), radius=1, color=color.yellow)
25
26   # Planeta orbitando o Sol
27   planeta = sphere(pos=posicao_elipse(a, b, 0), radius=0.5, color=color.blue,
28   make_trail=True)
29
30   # Loop de animação
31   while True:
32      rate(30)
33
34      # Atualizar posição do planeta na elipse
35      planeta.pos = posicao_elipse(a, b, radians(theta))
36
37      # Incrementar o ângulo
38      theta += 0.1
```

Este modelo representa a órbita elíptica de um planeta em torno do Sol, conforme descrito pela primeira lei de Kepler. Sugerimos que você personalize os valores de **(a)** e **(b)** para ajustar a forma e o tamanho da elipse.

Lembre-se de que este é um modelo simplificado e não leva em consideração todos os fatores da física real.

*Observação dos autores: Como já comentamos, o ChatGPT gera um código para ser rodado no VPython instalado no computador. Neste livro, usamos o ambiente de programação online Web VPython. Assim, é necessário incluir na primeira linha do programa o trecho: "Web VPython 3.2". No código acima, já incluímos esse trecho e comentamos (colocamos o símbolo de cerquilha (#)) à frente do trecho: "from vpython import *".*

A saída para este programa pode ser observada na Figura 28.

Figura 28– Print do modelo para Primeira Lei de Kepler gerado pelo ChatGPT e rodado no Web VPython.

Fonte: Elaborada pelos autores.

Caso deseje observar o modelo em movimento, leia o QrCode ou utilize o link a seguir: https://abre.ai/jUgO.

Exemplo 3

Para criar um modelo computacional 3D de um objeto em queda livre próximo à superfície da Terra usando *VPython*, inserimos no ChatGPT o seguinte prompt:

Prompt: *Crie um modelo computacional 3D, em Vpython, de um objeto em queda livre próximo à superfície da Terra, desenhe o solo e pare a esfera quando sua parte inferior tocar o mesmo.*

Saída gerada pelo *ChatGPT*:

```
1    Web VPython 3.2
2
3    #from vpython import *
4
5    # Constantes e parâmetros
6    g = 9.8  # Aceleração devido à gravidade (m/s^2)
7    altura_inicial = 10.0  # Altura inicial do objeto (metros)
8    raio_esfera = 1.0  # Raio da esfera (metros)
9
10   # Configuração da cena
11   scene.background = color.white
12   scene.range = 15
13
14   # Criando o solo
15   solo = box(pos=vector(0, -1, 0), size=vector(30, 0.1, 30), color=color.green)
16
17   # Criando a esfera (objeto em queda livre)
18   esfera = sphere(pos=vector(0, altura_inicial, 0), radius=raio_esfera, color=color.blue,
19   make_trail=True)
20
21   # Animação da queda livre
22   tempo = 0
23   intervalo_tempo = 0.01
24
25   while esfera.pos.y - raio_esfera > solo.pos.y + solo.size.y / 2:
26       rate(100)
27
28       # Atualizando posição da esfera
29       esfera.pos.y -= g * tempo**2 / 2
30
31       # Atualizando tempo
32       tempo += intervalo_tempo
```

Neste código, uma esfera é criada em uma posição inicial acima do solo e é animada em queda livre devido à gravidade. A animação continua até que a parte inferior da esfera toque o solo. O solo é representado por um bloco verde. O parâmetro `make_trail=True` é utilizado para visualizar a trajetória da esfera durante a queda.

Execute este código em um ambiente *Python* com o *VPython* instalado para ver a animação. Você pode ajustar as constantes e parâmetros conforme necessário.

A saída para este programa pode ser observada na Figura 29.

Figura 29– Print do modelo para queda livre gerado pelo ChatGPT e rodado no Web VPython.

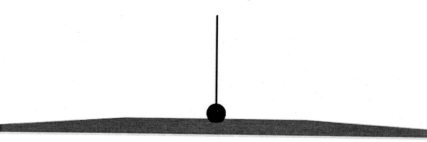

Fonte: Elaborada pelos autores.

Caso deseje observar o modelo em movimento, leia o QrCode ou utilize o link a seguir: https://abre.ai/jUgP

Observação dos autores: Não temos aqui a pretensão de avaliar cada exemplo gerado pelo *ChatGPT*. Deixamos para você, professor(a), fazer esta análise. O que pretendemos é mostrar que com a ajuda de ferramentas de Inteligência Artificial Generativa, é possível criar recursos educacionais como os mostrados neste capítulo.

Pratique!

1. A partir do código criado no Capítulo 7 para o movimento circular, peça que o *ChatGPT*, crie um exemplo de código em *VPython* para modelar órbitas de Mercúrio, Vênus, Terra, Lua, Marte e o Sol.

2. Peça ao *ChatGPT* que crie um código que simule a precessão do periélio de Mercúrio.

Output

O *Web VPython* é um ambiente poderoso que nos permitiu criar modelos tridimensionais e explorar fenômenos de maneira visual e envolvente.

Com ele, iniciamos nossa jornada com uma introdução à modelagem computacional, destacando a importância de compreender os conceitos teóricos da física por meio de simulações interativas.

Cada capítulo abordou aspectos específicos da mecânica, desde o movimento uniforme até forças elásticas, proporcionando uma compreensão aprofundada por meio de exemplos práticos e exercícios interativos. Ao mergulharmos em temas como queda livre, lançamento de projéteis e movimento circular, descobrimos como a modelagem computacional pode fortalecer o ensino da física.

Ao finalizarmos este livro, gostaríamos de agradecer a todas as pessoas que nos ajudaram a organizar nossas ideias, que nos inspiraram, compartilharam materiais e suas experiências, entre outros tipos de ajuda. Nesse sentido, nossa mais sincera gratidão:

Ao professor **Bruce Sherwood**, autor de 'Física Básica - Matéria e Interações', por dedicar seu tempo durante o recesso de Natal de 2022 para ler o livro e compartilhar suas valiosas considerações.

À professora **Eloneid Felipe Nobre**, nossa eterna orientadora, pela leitura crítica e pelas sugestões valiosas.

Aos professores **Wang Yizhe**, professor de Física da New Taipei Municipal Zhonghe Senior High School, e ao professor **Byron Philhour**, reitor de ensino e aprendizagem da San Francisco University High School, pelas dicas fornecidas durante a escrita da primeira versão do manuscrito deste livro ainda no ano de 2021.

Ao professor **Adolfo Neto** da Universidade Tecnológica Federal do Paraná (UTFPR) pela leitura e considerações sobre a versão final do manuscrito.

Ao professor e amigo **Francisco Felipe de Lima** pela leitura final do manuscrito.

Ao meu tio **Raimundo Barbosa Filho**, pelo apoio fornecido desde a minha mais tenra idade. Foram anos de reflexões conjuntas, passando pelo apoio na escolha do curso de graduação em Licenciatura em Física, pelos conselhos sobre a busca por bolsas de pesquisa na Universidade e ingresso no mercado de trabalho. Ele sempre foi uma pessoa à frente de seu tempo, e suas reflexões me ajudaram a me tornar o professor que sou hoje. Obrigado, tio, pela parceria desde sempre.

À **Maria**, nossa amada filha e constante fonte de inspiração.

A todos(as) vocês, nossa eterna gratidão.

Respostas dos Pratique!

Questões ímpares

Capítulo 1

1. Calcule o valor do produto entre o escalar a=2 e o vetor $\vec{b}$ = <4;-3;1>.

Solução:

$$a \cdot \vec{b} = 2 \cdot \langle 4; -3; 1 \rangle = \langle 8; -6; 2 \rangle$$

```
1    Web VPython 3.2
2
3    a=2
4    b=vec(4,-3,1)
5
6    print(a*b)
```

3. Qual o vetor unitário na direção e sentido do vetor $\vec{c}$ =<3; 3 ;-2>?

Solução:

$$\hat{c} = \frac{\vec{c}}{|\vec{c}|} = \frac{\langle 3; 3; -2 \rangle}{\sqrt{3^2 + 3^2 + (-2)^2}} = \frac{\langle 3; 3; -2 \rangle}{\sqrt{22}} = \langle 0,64; 0,64; -0,42 \rangle$$

```
1    Web VPython 3.2
2
3    c=vec(3,3,-2)
4
5    print(hat(c))
```

5. Para os vetores $\vec{g} = \langle -2; 2; 3 \rangle$ e $\vec{h} = \langle 4; 3; 2 \rangle$, determine:

a) $\vec{g} + \vec{h}$

b) $\vec{g} - \vec{h}$

Solução:

a) $\vec{g} + \vec{h} = \langle (-2) + (4); 2 + 3; 3 + 2 \rangle = \langle 2; 5; 5 \rangle$

b) $\vec{g} - \vec{h} = \langle (-2) - 4; 2 - 3; 3 - 2 \rangle = \langle -6; -1; 1 \rangle$

```
1   Web VPython 3.2
2
3   g=vec(-2,2,3)
4   h=vec(4,3,2)
5
6   print(g+h)
7   print(g-h)
```

Capítulo 2

1. Escreva um programa que mostre quatro esferas localizadas, cada uma, em um canto de um quadrado, ligadas por setas no sentido anti-horário. Um arranjo possível é apresentado na figura abaixo.

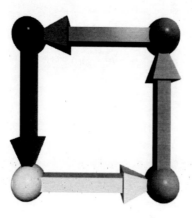

Solução:

Abaixo apresentamos uma possível solução[31] para o problema.

```
1    Web VPython 3.2
2
3    scene.background=color.white
4
5    bola1=sphere(pos=vec(1,1,0), radius=0.25, color=color.red)
6    bola2=sphere(pos=vec(-1,1,0), radius=0.25, color=color.blue)
7    bola3=sphere(pos=vec(-1,-1,0), radius=0.25, color=color.green)
8    bola4=sphere(pos=vec(1,-1,0), radius=0.25, color=color.magenta)
9    seta1=arrow(pos=bola1.pos, axis=bola2.pos-bola1.pos, shaftwidth=0.2,
10   color=color.red)
11   seta2=arrow(pos=bola2.pos, axis=bola3.pos-bola2.pos, shaftwidth=0.2,
12   color=color.blue)
13   seta3=arrow(pos=bola3.pos, axis=bola4.pos-bola3.pos, shaftwidth=0.2,
14   color=color.green)
15   seta4=arrow(pos=bola4.pos, axis=bola1.pos-bola4.pos, shaftwidth=0.2,
16   color=color.magenta)
```

Na linha 3, definimos a cor de fundo da tela como branco. Nas linhas 5-8, criamos as esferas, atribuindo algumas características como posição (pos), raio (radius) e cor (color).

Nas linhas 9-15, criamos as setas. Elas possuem características diferentes das esferas, como eixo (axis), largura do eixo (Shaftwidth) além de outras características comuns como posição (pos) e cor (color).

Vamos explicar a construção da seta1, linha 9. Isso é suficiente para que você compreenda a construção das demais.

A seta1 está localizada na posição bola1.pos, isso significa que a sua cauda (origem) está na bola1 (vermelha). Seu eixo (axis), que é a própria seta, é bola2.pos-bola1.pos. Onde bola2.pos é a localização da ponta da flecha (extremidade – posição final) e bola1.pos é a localização da cauda (origem – posição inicial). O atributo largura do eixo (Shaftwidth), é a espessura da seta, e a ela atribuímos o valor 0.2. Finalmente, atribuímos a cor vermelha à seta, por meio do código color=color.red.

---

[31] Para visualizar este programa, acesse o link: https://abre.ai/jVHx.

Capítulo 3

1. Altere a velocidade da bola e veja o que acontece com o comprimento da seta.

Solução:

> O comprimento da seta é proporcional ao valor da velocidade.

3. Altere o intervalo de tempo para dt=0.1 e o valor entre parênteses de rate() para 10. Isso lhe parece melhor?

Solução:

> O intervalo de tempo agora é 10 vezes maior e o laço será executado apenas 10 vezes por segundo. A bola ainda se move na mesma velocidade, mas o movimento não parece estar sendo executado em tempo real.

Capítulo 4

1. Modifique o programa para que sua saída inclua o gráfico da componente y da velocidade em função do tempo.

Solução:

> Para que a saída do programa apresente o gráfico da componente y da velocidade em função do tempo, precisamos incluir no programa[32] as linhas 21, 22 e 31, como mostra a figura abaixo. O processo é o mesmo que utilizamos para construir o gráfico da posição em função do tempo.
>
> A saída mostra o gráfico de uma função linear, como mostra a figura abaixo.

```
1   Web VPython 3.2
2
3   #1. Configuração da tela
4   scene.title="Queda Livre"
5   scene.background=vec(0.6, 0.6, 0.6)
6
```

---

[32] Para visualizar este programa, acesse o link: https://abre.ai/jVHz.

```
7    #2. Criação dos objetos
8    bola=sphere(pos=vec(0,10,0), radius=1, color=color.red)
9    piso=box(pos=vec(0,-1,0), size=vec(40,0.3,10), texture=textures.wood)
10
11   #3. Condições iniciais
12   bola.a=vec(0,-9.8,0)   # aceleração da gravidade 9.8 m/s^2
13   bola.v=vec(0,0,0)      # velocidade da bola na direção y
14   t=0            # tempo inicial
15   dt=0.01        # intervalo de tempo
16
17   #4. Configuração do gráfico da posição
18   Grafico_yt=graph(xtitle="Tempo [s]", ytitle="Posição [m]", width=400, height=200)
19   yt=gcurve(color=color.blue)
20
21   Grafico_vt=graph(xtitle="Tempo [s]", ytitle="Velocidade [m/s]", width=400, height=200)
22   vt=gcurve(color=color.red)
23
24   #5. Laço while - Movendo o objeto
25   while (bola.pos.y-bola.radius > piso.pos.y+0.5*piso.size.y):
26     rate(100)
27     bola.v+=bola.a*dt
28     bola.pos+=bola.v*dt
29     t+=dt
30     yt.plot(t,bola.pos.y)
31     vt.plot(t,bola.v.y)
32
33   print(t)
```

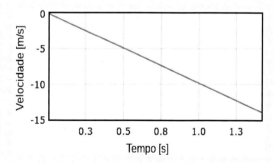

Capítulo 5

1. Modifique o programa apresentado no capítulo, para que haja:
a) uma colisão elástica[33] da bola com o piso;
b) uma colisão inelástica[34] da bola com o piso.
Analise os gráficos da componente y da posição em função do tempo em cada situação.

Solução:

Para resolver tanto o item (a) como o (b), basta modificar o valor do coeficiente de restituição *e*, para 1, caso da colisão elástica, e posteriormente para zero, caso da colisão inelástica. Observe os gráficos da posição pelo tempo para cada caso abaixo.

Resposta (a)

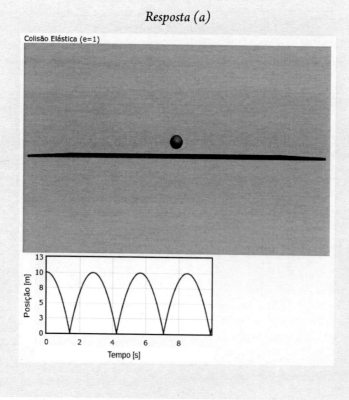

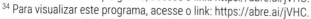

[33] Para visualizar este programa, acesse o link: https://abre.ai/jVHC.
[34] Para visualizar este programa, acesse o link: https://abre.ai/jVHC.

Resposta (b)

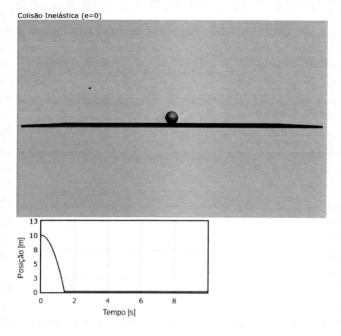

Capítulo 6

1. Inclua ao final do código estudado neste capítulo a linha de código:
print("O alcance foi: ",bola.pos.x+20,"metros")
Para descobrir o alcance da bola.

Solução:

A expressão *"bola.pos.x+20"* é o alcance horizontal da bola. Sua posição final *"bola.pos.x"*, subtraído de sua posição inicial *"-20 m"*.

5. Execute o exercício 4 para diferentes ângulos de lançamento e determine o ângulo que lhe dá o maior alcance. Sem arrasto de ar, sabemos que este ângulo é de 45 graus.

Solução:

O maior alcance[35] foi encontrado para um ângulo de lançamento de 28^0. Porém, tivemos valores de alcance próximos no intervalo entre 28^0 e 30^0. A figura abaixo mostra um gráfico da posição na direção x em função do tempo para um ângulo de lançamento de 28^0.

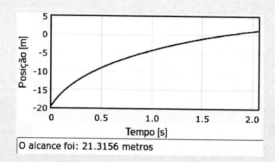

Para mais informações, leia o artigo: *"Maximum projectile range with drag and lift, with particular applicattion to golf"*[36]. No artigo proposto para leitura, o autor encontrou, para um arrasto linear, alcances máximos entre 30^0 e $35°$, e para um arraste quadrático, um alcance máximo para um ângulo de 35^0.

Capítulo 7

1. Modifique o programa para que ele forneça também os gráficos da componente y da velocidade e da componente y da aceleração em função do tempo.

Solução:

Uma possível solução é apresentada no programa[37] a seguir.

---

[35] Para visualizar este programa, acesse o link: https://abre.ai/jVHG.
[36] Disponível em: https://abre.ai/jVHI.
[37] Para visualizar este programa, acesse o link: https://abre.ai/jVHJ.

Modelagem Computacional com *Web VPython*: Mecânica **97**

```
1    Web VPython 3.2
2
3    #1.Configuração da tela
4    scene.title="Movimento circular uniforme"
5
6    #2. Criação dos objetos
7    bola=sphere(pos=vec(5, 0, 0), radius=0.5, color=color.red, make_trail=True)
8
9    #3. Condições iniciais
10   R=5                      # Raio do movimento circular
11   bola.v=vec(0, 10, 0)       # Velocidade em m/s
12   t=0                      # Tempo inicial
13   dt=0.01                    # Tempo entre cada quadro da animação
14
15   #4. Configuração do gráfico da posição
16   Grafico_yt=graph(xtitle="Tempo [s]", ytitle="Posição [m]", width=400, height=200)
17   yt=gcurve(color=color.blue)
18
19   Grafico_vyt=graph(xtitle="Tempo [s]", ytitle="velocidade [m/s]",width=400, height=200)
20   vyt=gcurve(color=color.green)
21
22   Grafico_ayt=graph(xtitle="Tempo [s]", ytitle="aceleração [m/s^2]",width=400, height=200)
23   ayt=gcurve(color=color.red)
24
25   #5. Laço While - Movendo o objeto
26   while (True):
27     rate(100)
28     r=bola.pos-vec(0,0,0)
29     bola.a=(bola.v.mag2/R)*-hat(r)
30
31     bola.v+=bola.a*dt
32     bola.pos+=bola.v*dt
33
34     attach_arrow(bola,"v", color=color.magenta, shaftwidth=0.25)
35     attach_arrow(bola,"a", color=color.yellow, shaftwidth=0.25)
36
37     yt.plot(t,bola.pos.y)
38     vyt.plot(t,bola.v.y)
39     ayt.plot(t,bola.a.y)
40
41     t+=dt
```

Para obtermos o gráfico da componente y da velocidade em função do tempo, incluímos as linhas 19-20, e para obter o gráfico da componente y da aceleração em função do tempo, incluímos as linhas 22-23, na seção *"Configuração do gráfico da posição e da velocidade"*, e as linhas 38-39, na *"Laço while – movendo o objeto"*.

O gráfico da componente y da velocidade e da componente y da aceleração em função do tempo pode ser observado na figura abaixo.

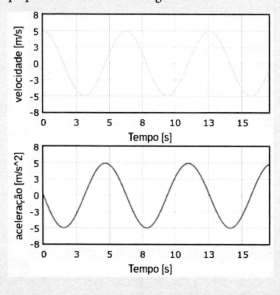

Capítulo 8

1. Modifique o programa para que ele forneça também o gráfico da componente y da velocidade em função do tempo.

Solução:

Uma possível solução é apresentada no programa[38] a seguir.

---

[38] Para visualizar este programa, acesse o link: https://abre.ai/jVHE.

Modelagem Computacional com *Web VPython*: Mecânica **99**

```
1   Web VPython 3.2
2
3   #1.Configuração da tela
4   scene.background=color.white
5
6   #2. Criação dos objetos
7   teto=box(pos=vec(0,0,0), size=vec(0.1,0.005, 0.1), texture=textures.wood)
8   bola=sphere(pos=vec(0,-0.1,0),radius=0.02, color=color.red)
9   mola=helix(pos=teto.pos, axis=bola.pos-teto.pos, coils=15, radius=0.008, thi-
10  ckness=0.003, color=color.green)
11
12  #3. Condições iniciais
13  scene.center=bola.pos   # Colocando a bola no centro da tela
14  bola.v=vec(0,0,0)        # Velocidade inicial em m/s
15  L0=0.1                   # Comprimento da mola relaxada
16  k=15                     # Constante elástica em N/m
17  bola.m=0.1               # Massa da bola em kg
18  g=vec(0,-9.8,0)          # Aceleração gravitacional
19  t=0                      # Tempo inicial
20  dt=0.01                  # Intervalo de tempo entre cada quadro
21
22  #4. Configuração do gráfico da posição
23  Grafico_yt=graph(xtitle="Tempo [s]", ytitle="Posição [m]", width=400, height=200)
24  yt=gcurve(color=color.blue)
25
26  Grafico_vt=graph(xtitle="Tempo [s]", ytitle="velocidade [m/s]", width=400, height=200)
27  vt=gcurve(color=color.red)
28
29  #5. Laço While - Movendo o objeto
30  while t<10:
31    rate(100)
32    L=bola.pos-teto.pos
33    Fs=-k*(mag(L)-L0)*hat(L)
34    F= Fs+bola.m*g
35
36    bola.v+=F/bola.m*dt
37    bola.pos+=bola.v*dt
38    mola.axis=bola.pos-teto.pos
39    yt.plot(t,bola.pos.y)
40    vt.plot(t,bola.v.y)
41    t+=dt
```

Para obtermos o gráfico da velocidade em função do tempo, incluímos as linhas 26 - 27 na seção 4 *"Configuração do gráfico da posição e da velocidade"*, e a linha 40 na seção *"Laço while – movendo o objeto"*. O gráfico da velocidade em função do tempo pode ser observado na figura a seguir.

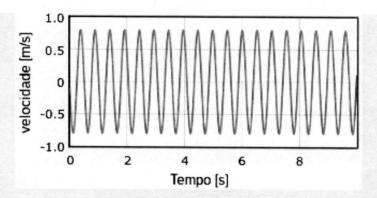

Um dado que pode vir a ser explorado é a distinção entre a função seno e a função cosseno. O gráfico da posição em função do tempo é uma função seno, enquanto o gráfico da velocidade em função do tempo é uma função cosseno.

Capítulo 9

1. A partir do código criado no capítulo 7 para o movimento circular, peça que o *ChatGPT*, crie um exemplo de código em *VPython* para modelar órbitas de Mercúrio, Vênus, Terra, Lua, Marte e o Sol.

Solução:

Uma possível solução é apresentada a seguir.

No *ChatGPT* inserir o seguinte prompt:

A partir deste programa abaixo, crie outro com órbitas de Mercúrio, Vênus, Terra, Lua, Marte e o Sol.

Modelagem Computacional com *Web VPython*: Mecânica **101**

```
1    Web VPython 3.2
2
3    #1.Configuração da tela
4    scene.title="Movimento circular uniforme"
5
6    #2. Criação dos objetos
7    bola=sphere(pos=vec(5, 0, 0), radius=0.5, color=color.red, make_trail=True)
8
9    #3. Condições iniciais
10   R=5                      # Raio do movimento circular
11   bola.v=vec(0, 10, 0)     # Velocidade em m/s
12   t=0                      # Tempo inicial
13   dt=0.01                  # Tempo entre cada quadro da animação
14
15   #4. Configuração do gráfico da posição
16   Grafico_yt=graph(xtitle="Tempo [s]", ytitle="Posição [m]", width=400, height=200)
17   yt=gcurve(color=color.blue)
18
19   #5. Laço While - Movendo o objeto
20   while (True):
21     rate(100)
22     r=bola.pos-vec(0,0,0)
23     bola.a=(bola.v.mag2 / R) * -hat(r)
24
25     bola.v+=bola.a*dt
26     bola.pos+=bola.v*dt
27
28     attach_arrow(bola,"v", color=color.magenta, shaftwidth=0.25)
29     attach_arrow(bola,"a", color=color.yellow, shaftwidth=0.25)
30
31     yt.plot(t,bola.pos.y)
32     t+=dt
```

ChatGPT: Certamente! Aqui está um exemplo de código em *VPython* para modelar órbitas de Mercúrio, Vênus, Terra, Lua, Marte e o Sol:

```
1   Web VPython 3.2
2
3   # from vpython import *
4
5   # Criação dos objetos
6   sol = sphere(pos=vector(0, 0, 0), radius=10, color=color.yellow)
7   terra = sphere(pos=vector(30, 0, 0), radius=5, color=color.blue, make_trail=True)
8   lua = sphere(pos=vector(30, 0, 10), radius=2, color=color.white, make_trail=True)
9   mercurio = sphere(pos=vector(20, 0, 0), radius=3, color=color.gray(0.8),
10  make_trail=True)
11  venus = sphere(pos=vector(25, 0, 0), radius=4, color=color.orange,
12  make_trail=True)
13  marte = sphere(pos=vector(40, 0, 0), radius=6, color=color.red, make_trail=True)
14
15  # Parâmetros do movimento
16  dist_terra_sol = 30
17  dist_lua_terra = 10
18  dist_mercurio_sol = 20
19  dist_venus_sol = 25
20  dist_marte_sol = 40
21
22  vel_angular_terra = 0.02
23  vel_angular_lua = 0.1
24  vel_angular_mercurio = 0.03
25  vel_angular_venus = 0.02
26  vel_angular_marte = 0.01
27
28  # Loop de animação
29  while True:
30      rate(30)
31
32      # Movimento da Terra ao redor do Sol
33      terra.pos = vector(dist_terra_sol * cos(vel_angular_terra), dist_terra_sol *
34  sin(vel_angular_terra), 0)
35
36      # Movimento da Lua ao redor da Terra
37      lua.pos = terra.pos + vector(dist_lua_terra * cos(vel_angular_lua), dist_lua_terra
38  * sin(vel_angular_lua), 0)
39
40      # Movimento de Mercúrio ao redor do Sol
41      mercurio.pos = vector(dist_mercurio_sol * cos(vel_angular_mercurio), dist_mer-
42  curio_sol * sin(vel_angular_mercurio), 0)
43
44      # Movimento de Vênus ao redor do Sol
45      venus.pos = vector(dist_venus_sol * cos(vel_angular_venus), dist_venus_sol *
46  sin(vel_angular_venus), 0)
47
48      # Movimento de Marte ao redor do Sol
49      marte.pos = vector(dist_marte_sol * cos(vel_angular_marte), dist_marte_sol *
50  sin(vel_angular_marte), 0)
```

```
51
52  # Atualização dos ângulos
53  vel_angular_terra += 0.005
54  vel_angular_lua += 0.03
55  vel_angular_mercurio += 0.01
56  vel_angular_venus += 0.009
57  vel_angular_marte += 0.007
```

Este código adiciona órbitas para Mercúrio, Vênus e Marte ao redor do Sol, além da órbita da Lua ao redor da Terra. Lembre-se de que este é um modelo simplificado para fins educacionais e não leva em consideração todas as complexidades da física real.

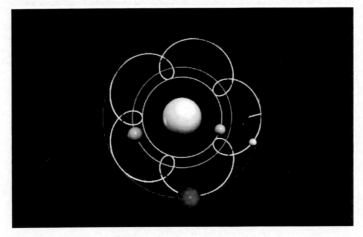

Fonte: https://abre.ai/jUg3

Para ter acesso as respostas de todos os Pratique!

Acesse o link: https://abre.ai/jUg4 ou escaneie o QrCode abaixo:

Referências

Aiken, J.M. **Transforming high school physics with modeling and computation**. Thesis, Georgia State University, 2013. Disponível em: https://scholarworks.gsu.edu/phy_astr_theses/18/. Acesso em: 03 out. 2023.

Allain, R. **Numerical Calculations in Physics**. URL https://bit.ly/39gUsdY. Acesso em: 03 out. 2023.

Allain, R. **Introductory Physics with Python**. URL https://bit.ly/2LbsY1q. Acesso em: 03 out. 2023.

Alonso, M.; Finn, **E. Física: Um curso universitário**. v.1, Blucher, 2014.

Andrade, M.E. **Simulação e modelagem computacional com o software Modellus: Aplicações práticas para o ensino de física**. Livraria da Física, 2016.

Bauer, B; Westfall, G.D; Dias, H. **Física para universitários:** *Mecânica*, Bookman, 2012.

Blanco, P. **Air drag in the projectile lab.** The Physics Teacher. v. 56, 2018.

Caballero, M.D; Burk, J.B, Aiken, J.M, Thoms, B.D, Douglas, S.S, Scanlon, E.M, Schatz, M.F. **Integrating Numerical Computation into the Modeling Instruction Curriculum**. The Physics Teacher 52, 38 (2014); doi: 10.1119/1.4849153. Disponível em: https://schatzlab.gatech.edu/Library/Caballero2014.pdf. Acesso em: 03 jan. 2023.

Calçada, C.S; Sampaio, J.L. **Física Clássica: Cinemática**. Atual, 1998.

Chabay, R.W.; Sherwood, B.A. **Matéria e interações: Mecânica Moderna**. LTC, 2018.

Chabay, R.W.; Sherwood, B.A**. A brief introduction to VPython, for anyone**. Disponível em: https://matter-interactions.trinket.io/00_welcome_to_vpython#/welcome-to-vpython/getting-started . Acesso em: 08.out. 2023.

Docas, R.H; Biscuola, G.J, Bôas, N.V. **Tópicos de Física**. Saraiva, 2012.

Downey, A.B. **Modeling and Simulation in Python**. 2017. Disponível em: http://greenteapress.com/modsimpy/ModSimPy3.pdf. Acesso em: 03 out. 2023.

Halliday, D.; Resnick, R.; Walker, J. **Fundamentos de Física**. v.1, LTC, 1996.

Halliday, D.; Resnick, R.; Walker, J. **Fundamentos de Física**. v. 2, LTC, 1996.

Erlichson, H. **Maximum projectile range with drag and lift, with particular application to golf**. Am. J. Phys. 51(4), April 1983. Disponível em: http://ww2.odu.edu/~agodunov/teaching/phys420/files/Erlichson.pdf. Acesso em: 03 out. 2023.

Junior, F.R; Ferraro, N.G; Soares, P.A.T. **Os Fundamentos da Física**. v.1, Moderna, 2007.

Menezes, N.N.C. **Introdução à Programação com Python**. Novatec, 2019.

Mohazzabi, P. **When does air resistance become significant in free fall?** The Physics Teacher, v. 49, 2011.

Morgan, W.A; English, L.Q. **Vpython for Introductory mechanics: Complete Version,2019. VPython for Introductory Machanics,1.** Disponível em: https://vdocuments.mx/vpython-for-introductory-mechanics-complete-version.html?page=1. Acesso em: 03 out. 2023.

Nussenzveig, H. M. **Curso de física básica: Mecânica**. Blucher, 2012.

Olavo, L.S.F; Amato, M.A. **Introdução à Física**. UNB, 2013.

Philhour, B. **Physics through GlowScript - an Introductory Course**. Disponível em: https://bit.ly/3nqklaY. Acesso em: 03 out. 2023.

Wazlawick, R.S. **Introdução a algoritmos e programação com Python**. Elsevier, 2018.

Weber, J.; Wilhelm, T. **The benefit of computational modelling in physics teaching: a historical overview**. European Journal of Physics, V.41, n. 3, 2020. Disponível em: https://iopscience.iop.org/article/10.1088/1361-6404/ab7a7f. Acesso em: 03 out. 2023.

Yizhe, W. **Python**物理模擬. URL https://bit.ly/39fOvOr. Acesso em: 03 out. 2023.

Zongnan, L.; Shi, M. **VPython & VPhysics.** URL https://vphysics.ntu.edu.tw/. Acesso em: 03 out. 2023.

Sobre os(as) autores(as)

Adeil Araújo é professor de Física na rede pública estadual do Ceará. É mestre em Ensino de Física e graduado em Licenciatura em Física pela Universidade Estadual do Ceará. É autor do produto educacional *Física em Movimento: Atividades com Smartphones e Tablets* e coautor de *Julia com Física: uma introdução*. Tem como *hobby* estudar. Adora aprender coisas novas e é um apaixonado por compartilhar o que aprende.
E-mail: adeil@prof.ce.gov.br .
Site pessoal: adeil83.github.io

Meirivâni Oliveira é professora de Matemática na rede pública estadual do Ceará. É mestre em Ensino de Ciências e Matemática pela Universidade Federal do Ceará e graduada em Licenciatura em Matemática pela Universidade Estadual do Ceará. É autora do produto Educacional *Smartmática: A Matemática do dia a dia através da Videoanálise* e coautora de *Julia com Física: uma introdução*.
E-mail: meirivani.meneses@prof.ce.gov.br

Outros eBooks dos autores

Julia com física: uma introdução
Disponível em: https://abre.ai/jUha

Site do eBook *Julia com física: uma introdução*:
Disponível em: https://abre.ai/jUg9

Física em Movimento: Atividades com Smartphones e Tablets
Disponível em: https://abre.ai/jUg8

SMARTMÁTICA: A matemática do dia a dia através da videoanálise
Disponível em: https://abre.ai/jUhb

Site do eBook *SMARTMÁTICA: A matemática do dia a dia através da videoanálise*:
Disponível em: https://abre.ai/jUhc

1ª. edição: Junho de 2024
Tiragem: 300 exemplares
Formato: 16x23 cm
Mancha: 12,3 x 19,9 cm
Tipografia: Open Sans 10/14/18
                Arno Pro 11
                Roboto 9/10
Impressão: Offset 90 g/m²
Gráfica: Prime Graph